# SAINT PHILIBERT.

IMPRIMERIE DE MILLIET-BOTTIER.

# SAINT PHILIBERT

PAR

**Philibert Le Duc,**

Traducteur des *Noëls bressans et bugistes*, de *Marguerite* et de *La Jeune Aveugle*; éditeur des *Airs bressans*, du *Testament de Guichenon* et de *l'Antidemon de Mascon*; auteur de *La Bresse* et du *Passage de la Reyssouze par Napoléon*.

BOURG-EN-BRESSE,

LIBRAIRIE DE FRANCISQUE MARTIN-BOTTIER.

1856.

# SOMMAIRE DES CHAPITRES.

———

*Les chapitres qui ont paru dans le Journal de l'Ain ont été revus et augmentés. Les trois derniers sont inédits.*

# Saint Philibert.

Hanc pater egregius aram Filibertus habebit,
Plurima construxit qui loca sancta Deo.
ALCUIN (8ᵉ siècle).

## I.

Un poëte a protesté dans ses odes contre l'oubli du nom de son père sur l'arc de triomphe de l'Etoile. Plus humble dans ma plainte, j'ai souvent déploré, lorsque j'étais enfant, l'oubli de mon saint patron sur les almanachs. Et certes, mon grief n'était pas moins légitime que celui du poëte: il perdait, lui, quelques bouffées de gloire, lui, le chef adulé de la nouvelle école littéraire, tandis que je perdais, ce qui me semblait plus regrettable, les jeux et les friandises d'une fête d'écolier.

Bref, mon vénérable patron, ce pieux abbé qui fonda les abbayes de Jumiège et de Noirmoutier, qui dirigea et réforma plusieurs monastères; ce digne confesseur qui fut injustement détenu prisonnier, qui fit après sa mort de nombreux miracles, qui donna son nom à mainte église et à trois ducs de Savoie; saint Philibert, en un mot, qui fut célèbre pendant des siècles, n'est pas même mentionné dans la *Vie des Saints de Godescard* (1), et les calendriers l'ont exclu de leurs colonnes. Il n'y a plus que le *Dieu soit béni* bressan qui lui donne l'hospitalité. Ce dernier refuge ne lui manquera pas du moins: l'estimable éditeur est trop ami de nos traditions nationales pour ne pas respecter, dans la patrie de Philibert-le-Beau, le nom du saint qui repose près de nous, dans l'église de l'ancienne abbaye de Tournus.

La vie du bienheureux Philibert est aujourd'hui peu connue. En essayant de la remettre en lumière, je n'ai pas d'autres désirs que d'honorer mon patron et de plaire à quelques-uns de mes homonymes par le baptême. Malgré cette bonne intention, l'entreprise est téméraire de ma part; et, si les invocations n'étaient passées de mode, je m'écrierais comme son premier biographe : *Quanquam indignus invoco clementiam Christi, ut ad scribendum vitam beatissimi Filiberti ipse sensum meum erudiat, qui bruta labia asinæ fecit loqui, super quam cordis gressu claudicans propheta sedebat.*

## II.

Il est peu de noms dont l'orthographe ait autant varié que celui de Philibert. On a écrit par F *Filbert, Filebert, Filibert,* en latin *Filibertus,* et par PH *Philbert, Philebert, Philibert, Philibertus.* Je sépare à dessein les formes qui commencent par F de celles qui commencent par PH. La différence essentielle se trouve, en effet, dans la première syllabe, qui doit changer de physionomie suivant

(1) Edition de Furne; Paris, 1844.

l'origine du nom. Voici sur son étymologie quelle était, il y a cent cinquante ans, l'opinion du R. P. Mabillon :

« Le nom de saint *Filibert* s'orthographie de deux manières : les uns écrivent *Filibert* et les autres *Philibert*. Les plus anciens livres, sans aucun doute, s'en tiennent à *Filibert*; les plus récents adoptent parfois *Philibert*, par la raison qu'ils supposent ce nom d'origine grecque, bien qu'il soit plutôt d'origine gauloise ou germanique. Assurément *bert* dans la langue des Germains signifie *éclatant, éblouissant, splendide*. Quant à *Fili,* nous avons peine à reconnaître qu'il vienne de ce que saint *Filibert* fut ainsi appelé du nom de son père *Filibaud*. Nous ne partageons pas non plus l'avis de Claude Robert, l'auteur de la Gaule chrétienne, qui, se rappelant que *bert* signifie aussi *barbe* chez les Germains, traduit *Philibert* par *ami de la barbe*. S'il était possible d'admettre une formation hybride, notre préférence serait pour celle, moitié latine et moitié germanique, qui donne à *Filibert* le sens de *fils illustre* (1). »

Le chanoine Pierre Juénin, qui publia en 1733 la *Nouvelle histoire de l'abbaïe royale et collégiale de saint Filibert et de la ville de Tournus*, adopte l'F, comme on le voit. Néanmoins, l'orthographe grecque a prévalu de nos jours comme au XVIe siècle; c'est à tort, selon toute apparence. L'exemple du chanoine Juénin aurait dû être suivi, mais par d'autres raisons que celles déduites dans la note du R. P. Mabillon. La science étymologique est naturellement plus avancée aujourd'hui qu'elle ne l'était

(1) *Vita S. Filiberti, additis notis* R. P. Mabillon, aux Preuves de la *Nouvelle histoire... de Tournus,* par le chanoine Pierre Juénin.

du temps du savant bénédictin ; et l'un des principes rigoureux de cette science réprouve l'alliance hybride de radicaux hétérogènes. Il faut donc en trouver deux de même origine, et la syllabe finale *bert*, évidemment allemande, indique que l'on doit chercher le premier radical au nord et non pas au midi ; les langues germaniques nous fournissent *full* et *bert*, qui signifient *plein d'éclat*. Cette étymologie, donnée par le dictionnaire de Trévoux au nom de *Fulbert*, que portait l'oncle de la célèbre Héloïse, s'applique sans difficulté à *Filbert*, qui est, ainsi que *Filebert*, *Filibert*, le même nom prononcé différemment, suivant le goût du temps et l'accent des provinces. Ainsi les lettres PH, très bien placées dans *Philippe*, nom d'origine grecque, ne conviennent pas à celui de mon patron, qui est d'origine germanique.

Au reste, je donne sous toutes réserves cette application de *full* et *bert*. Rien n'est plus controversable qu'une conjecture en fait d'étymologie. On peut m'apporter demain deux radicaux celtes, deux radicaux grecs ou de toute autre langue ; et si je tombe entre les mains de certains savants, ils ne manqueront pas de m'entraîner sur les bords du Gange pour me parler sanscrit ; ce qu'ils pourront faire assurément sans que je les contredise.

En attendant, je pense qu'il faut écrire *Filibert* par F, suivant l'étymologie ; et j'écris *Philibert* par PH, conformément à l'usage moderne qui est, en définitive, le souverain maitre.

### III.

Saint Philibert naquit vers l'an 616 à *Elusa* (aujourd'hui *Eauze*), petite ville de cette partie de l'Aquitaine qui s'appelait alors Novempopulanie, qui devint plus tard duché de Gascogne, et qui est maintenant le département du Gers.

Sa famille était des plus honorées du pays. Son père, nommé Filibaud, était officier du roi à Elusa. Mais les habitants d'une ville voisine, *Vicus Julii* (aujourd'hui *Aire*, département des Landes) l'ayant demandé pour évêque, il résigna ses fonctions laïques et alla prendre possession du siège épiscopal qui lui était offert. Saint Philibert suivit son père sur les rives de l'Adour et reçut près de lui une éducation religieuse, à laquelle se prêtait son bon naturel.

Jugé digne de suivre une brillante carrière, il fut envoyé très jeune à la cour de Dagobert, «le plus magnanime roi des Francs», dit la biographie latine de mon patron, écrite, il est vrai, longtemps avant Charlemagne.

Une école ecclésiastique et mondaine était attachée aux palais mérovingiens. C'est dans cette école que les fils des premières familles s'initiaient à l'art de la guerre et aux études saintes et profanes; c'est là qu'achevaient de se former les compagnons d'armes du prince et les défenseurs de la foi nouvelle.

Le fils du prélat Filibaud dut être bien accueilli; car l'épiscopat était, à cette époque, une puissante magistrature que ne dédaignaient pas les grands personnages : le chancelier saint Ouen fut élu évêque de Rouen; l'orfèvre saint Eloi qui, d'après une chanson populaire, écho de la tradition, avait son franc parler avec le roi, devint évêque de Noyon. D'ailleurs Dagobert qui, malgré ses mœurs barbares et dissolues, s'humiliait devant le Dieu de Clovis et dotait des monastères, qui faisait égorger dans une nuit 10,000 familles bulgares lui demandant asile,

1*

avait des sentiments d'humanité; il était bon et généreux pour ceux qui l'entouraient. Les *Chroniques de St-Denis* rapportent que *pour sa mort fut le palais soudainement rempli de plours et de cris, et tout le royaume de doulour et de lamentation.* Sa réputation de mansuétude s'est même conservée dans deux expressions proverbiales : *Quand le roi Dagobert avait dîné, il laissait dîner ses chiens. — Le roi Dagobert mourant disait à ses chiens : Il n'est si bonne compagnie qui ne se sépare.*

Lors de l'arrivée de saint Philibert, saint Ouen était encore à la cour en qualité de chancelier; il prit en amitié le noble enfant de l'Aquitaine, et les pieux conseils qu'il lui donna développèrent ses dispositions à la vie contemplative.

A peine âgé de vingt ans, le protégé de saint Ouen résolut de renoncer au monde. Une vision, si l'on en croit un ancien poëte, ne fut pas sans influence sur sa détermination.

## IV.

La pièce lyrique inspirée par cette vision est imprimée dans quelques livres rares. Elle mérite cependant d'être plus connue; c'est une composition remarquable comme œuvre morale et comme œuvre littéraire. On me pardonnera d'interrompre mon récit pour la reproduire; le lecteur, je n'en puis douter, trouvera quelque charme à cette vieille poésie du XVIe siècle et ne s'effraiera pas de la prolixité de l'auteur anonyme.

## DEBAT DU CORPS ET DE L'AME.

*Cy commence le debat du Corps et de l'Ame.*

Une grant vision est en ce livre escripte ;
Jadis fut revelée à Dam Philbert l'hermite (1),
Qui fut si très preudhomme et de si grant merite
Qu'oncques ne fut par luy faulce parolle dicte.

Il estoit grant au siècle (2), de grant estraction ;
Mais, pour fuyr le monde et sa deception,
A luy fut revelée la dicte vision ;
Tantost devint hermite en grant devocion.

Par nuyt, quant le corps dort et l'âme souvent veille,
Advint à ce preudhomme une très grant merveille :
Car il vit un Corps mort plourant à son oreille
Et l'Ame, d'aultre part, qui du Corps se merveille (3).

*Comment l'Ame parle au Corps.*

Hé, doulant Corps, dict l'Ame, qu'es-tu jà devenu ?
Devant hyer tu estois pour saige homme tenu ;

(1) Saint Philibert ne fut pas ermite dans le sens rigoureux
de ce mot ; mais il aimait assez la solitude pour justifier cette
désignation poétique. Certains religieux, d'ailleurs, qui vivaient
en communauté, prenaient le nom d'ermites. — *Dam* était
comme *Dom* un titre honorifique.

(2) Dans l'ancienne versification, la syllabe muette qui suit
l'hémistiche, élidée ou non, ne compte pas dans la mesure.

(3) S'étonne, se plaint.

Devant toy s'enclinoient le grant et le menu.
Or es soudainement à grant honte venu.

Le monde te portoit reverence et honneur;
Les grans et les petits te clamoyent seigneur,
Il n'y avoit si hault qui n'eust de toy grant peur.
Or as-tu tout perdu, ta gloire et ta valeur.

Où sont tes grans maisons et tes humbles vassaulx,
Tes chiens, tes levriers et tes nobles oyseaux?
Où sont tes escuyers? Où sont tes gras morceaulx?
Ta chair si n'est pas digne de manger aux pourceaux.

Bien est le temps changé et la chance muée;
En lieu de grant palais et de chambre parée,
Dedans sept piedz de terre est ta chair enserrée,
Et je, par tes meffaictz, en enfer suis dampnée.

Par toy, doulente Chair, suis de Dieu reprouvée.
Je puis bien dire : Hélas! pour quoy fus doncques née?
Mieulx me vaulsist assez que fusse annichillée (1),
Et du ventre ma mère au sepulchre portée.

Tant que tu as vescu ceste mortelle vie,
De toy bien ne me vint ne de ta compaignie.
A peché m'as attraict et à faire folie,
Dont nous serons en peine qui ne nous fauldra mie (2).

Tu as par grant peché moult de biens amassé;
Par force de barat (3) ton serment a faulcé;

(1) Annihilée.
(2) Qui ne nous manquera pas.
(3) Tromperie.

Par peines et labeur tu as ton corps lassé ;
Mais en une seulle heure tout s'en est jà passé.


Tu n'eus oncques parent ne amy en ta vie
Qui n'ays honte de toy et de ta compaignie ;
Ta femme, tes enfans, tes servans, ta maignie (1),
Ne donneroient pour toy une pomme pourrie.


Ilz se passent de toy moult bien legierement,
Car ilz ont maintenant en leur commandement
Ton or et ton argent, et ton grant tenement,
Et n'as du demourant fors que ton damnement.


De toute ta richesse, de toute ta chevance (2)
Qu'as au monde laissée en moult grant abondance,
Ne donneroient pour toy, ne pour ta delivrance,
Dont ung povre homme peult prendre ung jour sa substance


Or peulx, doulente Chair, sentir et esprouver
Pourquoy on doibt le monde fuyr et reprouver,
Car nul ne peult en luy que faulceté trouver
Et ce ne peult-on mieulx que par la mort prouver.


Tu n'as pas maintenant la peine et le tourment
Que je souffre pour toy et sans allegement ;
Mais tu l'auras après le jour du jugement,
Quant tu viendras en vie, se l'Escriptur' ne ment.


(1) La maison, la *domesticité* dans le sens d'autrefois signi-
fiant tont ce qui tenait au foyer, famille, amis et serviteurs. -
(2) Fortune.

#### L'ACTEUR (1).

Quant le Corps voit que l'Ame si forment le demaine (2),
Les dens estraint moult fort et la teste demaine;
Lors gemist fort et ploure et met toute sa peine
Comment respirer puisse et reprendre l'aleine.

#### LE CORPS.

Quant eut levé sa teste et sa vigueur reprise,
Il dict à l'Esperit : J'ay mal mis mon service,
Prins a plait (3) contre moy; mais, quant bien je l'avise,
Il ne finera pas du tout à ta devise (4).

Il n'est pas de merveille se la Chair se meffaict;
Legierement s'encline, legierement deffaict :
En ce qui est en elle n'y a riens de parfaict,
Ce que raison ordonne et ce que raison faict.

Mais, ainsy que tu dis, Dieu t'a faicte et creée
De sens et de raison noblement adornée,
Tu es du tout ma dame, à toy suis-je donnée;
Ta chamberiere suis et par toy gouvernée.

Puis doncques que sur moy Dieu t'a donné puissance,
Et t'a donné raison et clère congnoissance,
Tu deusses pour moy estre de telle pourveance
Que pechó n'eusse faict par ma grant ignorance.

(1) L'auteur.
(2) Si fortement le maltraite.
(3) Tu as entamé procès.
(4) A ton avantage, selon ta prévision.

L'Esperit du tout doibt la Chair bien gouverner ;
Ne fain, ne froit, ne soif ne lui faire endurer ;
Aultrement sans peché ne peult la Chair durer ;
Les delices du monde la font desmesurer.

Tu as de bien et mal parfaicte congnoissance,
Se j'ay faict mal ou bien, c'est tout par ta licence ;
Car bien scès que sans toy je n'ay nulle puissance :
Doncques tu doibs porter du tout la penitence.

L'AME.

Lors dict l'Ame à la Chair : Encor n'est pas à point
De laisser la querelle et le plait en tel point :
Car ta parolle amère, où de doulceur n'a point,
La coulpe met sur moy et durement me poinct (1).

Povre doulente Chair, pleine d'iniquité,
Ta maulvaistié m'a faict perdre ma dignité.
En tes parolles passe aulcune verité ;
Mais tout le remainant (2) est plain de vanité.

Verité est que l'Ame doibt le Corps adresser ;
Mais la Chair ne se veult par l'Ame corriger ;
Se l'Ame la reprent, ne faict que rechainer (3) ;
Riens le Corps ne veult faire que boyre et que manger.

Quant le Corps doibt jeuner, lors a mal en la teste ;
S'il ne boit au matin, c'est une grant tempeste ;

(1) Jette sur moi la faute et durement me perce.
(2) Tout le reste.
(3) Rechigner.

Ung peu de penitence luy faict si grant moleste,
Qu'on ne peult de luy traire joye, ne ris, ne feste.

Je deusse bien avoir par droit la seigneurie,
Mais tu me l'as ostée par ta forcennerie (1).
Tes delices charnelz, ta doulente folie
Au parfond puits d'enfer nous font albergerie (2).

### L'ACTEUR.

Quant le Corps voit que l'Ame si forment le reprent,
A crier et à braire et à plourer se prent,
Joye n'est plus en luy; tristesse le comprent;
Puis après par parolle simplement se reprent.

*Le Corps respond à l'Ame et dict :*

Ame, tu es dampnée, après je le seray.
Tu souffres maintenant, après je souffriray.
Mais assés doibs souffrir plus que je ne feray,
Et par moult de raisons que je te montreray.

La très saincte Escriture nous dict et nous raccompte
Que tant que Dieu plus faict et plus hault l'homme monte,
Tant plus estroictement luy requerra le compte,
Et, s'il fault à compter, tant plus sera grant honte.

Dieu t'a donné raison, sens et entendement,
Force pour faire tout le sien commandement,
Voulonté pour fuyr le maulvais mouvement;
Quel compte en rendras-tu au jour du jugement?

(1) Par ton extravagance.
(2) Hôtellerie.

De ta noble puissance as follement usé ;
Ton temps as despendu (1) et si as trop musé ;
Pour ce es devant Dieu durement accusé[e],
Et Dieu t'a par raison paradis refusé.

Mais de ce qu'en peult mais ceste povre pouldriere (2)
Que la vermine assault par devant et derriere ?
Dieu ne m'avoit donné puissance ne maniere
Où je puisse sur toy aller devant n'arriere.

La Chair ne peult sans l'Ame ne venir, ne aller,
Monter en paradis, en enfer devaller ;
Ne peult ouyr sans elle, ne sentir, ne parler,
Ne les nudz revestir, ne le povre hosteller.

Mais se l'Ame vouloit ouvrer (3) en bonne guise,
Aymer Nostre Seigneur et faire son service,
Elle menroit (4) du tout la Chair à sa devise :
Et tu ne l'as pas faict ; pour ce je suis mal mise.

De la Saincte Escripture très bien il me souvient,
Qui dict qu'au jour dernier relever me convient.
Hélas ! dure sera la journée qui me vient,
Quant peine corporelle perpetuelle devient.

L'AME.

Adonc c'est l'Ame mise en grant affliction :
Hé, pourquoy suis-je faicte de tell' condiction

(1) Dépensé.
(2) Poussière. *Souviens-toi, ô homme, que tu es poussière...*
(3) Agir.
(4) Mènerait.

2

Que je vivray, dict-elle, sans termination,
Que je suis obligée à tell' damnation?

Je tiens la beste mue à moult fort bienheurée,
Car, si le Corps default, suis-je pas tost finée;
Pour ce me vaulsist mieulx que fusse porcellée (1)
Ou du ventre ma mère au sepulchre portée (2).

### LE CORPS.

Respons moy, dict la Chair, à ce que je demande :
Ceulx qui sont en enfer en si grant penitence
Comme tu vas disant, ont-ilz point d'esperance
De leur allegement ne de leur delivrance?

Les nobles, les gentilz, qui sont de hault paraige,
Les riches qui ont or et argent à oultraige,
Sur les aultres damnez ont-ilz pas d'avantaige
Par or ne par argent, par sang ne par lignaige?

### L'AME.

La demande, dict l'Ame, est trop peu raisonnable;
Tous ceulx qui sont dampnez ont peine pardurable
Et, selon la sentence de Dieu ferme et estable,
Que force ne pouvoir ne peult faire muable.

Se tous les religieux, prescheurs et cordeliers
Chantoyent tous diz messes et lisoyent psaultiers,
Et le monde donnast pour Dieu tous ses deniers,
Ne tireroyent une Ame de cent mille milliers.

(1) Née d'un porc.
(2) Vers qu'on a déjà lu à la 8e stance.

Car le diable est toujours en sa forcennerie ;
De tourmenter les Ames luy prent toujours envie ;
Donne luy, prie luy, ton corps luy sacrifie,
Jà pour ce n'en auras un grin de courtoisie.

Et des peines des riches te diray la maniere :
Sans grace, sans esprit, leur peine est tout entiere ;
Et de tant comme ilz furent, de tant plus en arriere,
De tant plus souffrent-ilz povreté et misere.

### L'ACTEUR.

Lors, quant l'Ame mettoit à parler toute cure (1),
Deux diables sont venuz, en leur laide figure,
Tant horrible visaige, tant grant contrefaicture,
Qu'en n'en sçauroit trouver en livre n'en paincture.

Grippé de fer aguë entre leurs mains tenoyent ;
Feu gregoys tout puant par leurs gueules gettoyent ;
Serpens envenimez de leurs corps enyssoyent (2) ;
A bassins embrasez leurs yeulx semblans estoyent.

Adonc chascun des deux getta la trappe torte ;
La povre Ame chargèrent comme une beste morte,
Quant la très douloureuse entra d'enfer la porte,
Griefvement gemist, forment se desconforte.

### L'AME.

Entre les mains des diables à haulte voix s'escrie :
Secourez moy, Jesus, très doulx Filz de Marie ;

(1) Tous ses soins.
(2) Sortaient.

Ne considerez pas maintenant ma folie;
Ayes mercy de moy par ta grant courtoisie.

LES DIABLES.

Quant ces deux ennemis ont ce mot entendu,
Crient : Dame musarde, trop avez attendu;
Tout le temps de ta vie, tu l'as mal despendu,
Donnée est la sentence et le loyer rendu.

Doresnavant n'y vault riens plus crier et braire,
Car plus ne trouverez Jesuchrist debonnaire.
Maintenant te convient en ung tel lieu retraire
Où jamais ne verras ne soleil ne lumiere.

L'ACTEUR.

A ces dures parolles le preudhomme (1) s'esveille.
S'il fut espoventé ne fut pas de merveille.
A telle vie mener du tout il s'appareille,
Dont de tous ses pechiez Dieu absoudre le vueille.

Tantost se joingt à Dieu et tous honneurs desprise,
Et de tous biens mondains perd toute convoytise,
Aux mains de Jesuchrist et à sa commandisse
Son corps et ame mect pour faire son service.

DAM PHILBERT.

Tout le monde, dict-il, est plain de tricherie;
Car il tient en despit la bonne et saincte vie;

(1) Dam Philbert.

Pour luy vertu est vice, et sagesse, folie;
Doncques est fol prouvé qui au monde se fie.

L'ACTEUR.

Cil qui veult estre au monde pour saige homme tenu,
Fault qu'il ayt moult deniers, argent et or moulu.
Mais de ce luy souviengne que, quant sera venu
Au dernier (1) de son compte, le gaing sera menu.

Les vertus traient du tout (2) à la divinité,
Comme Foy, Espérance et dame Charité;
On les tient aujourd'huy pour une vanité.
Barat et tricherie sont en authorité.

On ne croyt aujourd'huy ès amis Dieu (3) sans gaige;
On ne prise une pomme la divine paraige (4).
Jà ne seras tenu pour vaillant et pour saige,
Se tu n'es ès honneurs ou se n'as grant lignaige.

Tu seras reputé vaillant et honorable,
Se tu aymes flatteurs et tu tiens bonne table:
Salomon ne dict onc proverb' si veritable
Qui s'accordast aux tiens (5), qu'il soit mensonge ou fable.

Langue ne pourroit dire, ne penser cueurs humains
Le nombre de tes frères, de tes cousins germains;

(1) A la fin.
(2) Conduisent sûrement.
(3) Aux amis *de* Dieu, comme on a vu plus haut : du ventre
ma mère pour du ventre *de* ma mère.
(4) A l'égal d'une pomme la divine contrée (le ciel).
(5) L'acteur ou plutôt l'auteur s'adresse ici à dam Philbert.

2*

Mais, quant ne verront plus d'argent entre les mains,
Ne le seront amys, ne cousins, ne prochains.

O delices mondains qui navrez la pensée,
Peu vous devroit priser raison enluminée;
Car estoupes au feu sont de plus grant durée
Que la saveur de vous, qui tant est desirée

Qui pourroit par deniers achepter en sa vie
Sans vieillesse jeunesse et sans tache lignie,
Santé de corps toujours sans nulle maladie,
Des delices acquerre devroit avoir envie (1).

De telle marchandise ne s'entremect la mort;
Jà par or que tu ayes n'auras à elle accord;
Riens ne te vault jeunesse, remède ne confort;
A la fin te convient arriver à ton port.

En ce port trouveras doulente establerie;
Toutes les branches sont de matiere pourrie;
Jà n'y trouveras homme qui soit joyeulx ne rie:
Cil qui vient à tel port toute sa joye oublie.

Faulceté maintenant est souvent coulourée,
Innocence est souvent à grant tort condampnée;
Mais adoncques chascun recepvra sa livrée
Quant selon son merite sera sentenc' donnée.

Pour ce prie à celluy qui si justement livre,
Qui les biens et les maulx a escriptz en son livre;

(1) Devrait avoir envie d'acquérir les délices du monde.

Qu'il me doint en ce monde si maintenir et vivre,
Que mon ame à la mort soit de tous maulx delivre (1).

Amen.

## V.

Saint Philibert, se sentant la force de tout abandonner
pour suivre Jésus-Christ, se défia cependant de lui-même
et s'enquit d'un guide éclairé qui pût le diriger dans les
voies du salut. D'après le conseil de saint Ouen, il se décida pour saint Agile, qui était à la tête du monastère
de Rebais (Seine-et-Marne). Cette décision prise, il donna
aux pauvres une partie des biens qu'il tenait de la muni-
ficence royale, et se rendit à Rebais avec ce qui lui restait
d'or et d'argent. L'abbé lui fit l'accueil le plus affectueux.
On le revêtit de la robe de bure ; sa chevelure tomba et
le sacrifice fut consommé. Le jeune cénobite courba son
front sous le joug du Seigneur, et ce joug lui parut léger,
tant sa foi était vive.

Sa piété, sa douceur, son abnégaton édifièrent la communauté. Au réfectoire, il s'exerçait à servir ses frères
et se retirait sans avoir satisfait son appétit. Le démon,
jaloux de sa vertu, le poussait à l'intempérance. Une
nuit qu'il reposait après un repas plus copieux, l'esprit
tentateur lui apparut et, pour l'engager à faire un dieu
de son ventre, dit en lui touchant l'épigastre : Là seulement est le bien ! là seulement est le bien (2) ! Mais le

(1) Délivrée.
(2) Ipse ventrem ejus palpare cœpit, ac dicere : Modò hic
benè ; modò hic benè. (*Vita S. Filiberti.*)

disciple de saint Agile, reconnaissant les maléfices du vieil ennemi des hommes, les conjura par la prière. Dès lors il observa une abstinence trois fois plus rigoureuse, et, toutes les nuits, il alla puiser de nouvelles forces au pied des autels. Le démon, ne désespérant pas de le faire succomber, le poursuivit jusque dans les ténèbres du lieu saint. Une fois, il prit la forme d'un ours et l'attaqua au milieu du sanctuaire. Une autre fois, il le frappa dans l'ombre avec un candélabre de fer. Enfin, une troisième nuit, il voulut lui fermer l'entrée de l'église, en se tenant sur le seuil, les bras étendus. Mais le serviteur de Dieu résista victorieusement à ces diverses épreuves, par la vertu du signe de la croix.

A la mort de saint Agile, qui advint en 650, saint Philibert, qui avait alors trente-quatre ans, fut, d'un consentement unanime, élu abbé à la place du défunt. Le nouveau dignitaire justifia le choix de ses frères par de nouveaux progrès dans le chemin de la vertu. Commander le respect par la sagesse et l'humilité, vivre d'abstinence, exercer la charité la plus cordiale, la plus hospitalière; diriger sans faiblesse, sans acception de personnes la maison qui lui était confiée, en extirper les vices, tel fut l'usage qu'il fit de son pouvoir abbatial.

Mais faire le bien n'est pas chose facile. Le successeur de saint Agile ne tarda pas à l'éprouver. L'austérité de sa discipline déplut à certains religieux; à leur instigation, la communauté se souleva contre lui, et son expulsion devint imminente. Toutefois, le ciel ne permit pas l'accomplissement de leur mauvais dessein; la main vengeresse du Seigneur s'appesantit sur les plus coupables. L'un d'eux fut frappé de la foudre; un autre, comme Arius, rendant ses entrailles sur un fumier, périt d'une.

mort digne de son indigne vie (1). Alors, frappés de terreur, les rebelles reconnurent leur faute et s'efforcèrent de la faire oublier par un profond repentir et une entière soumission.

## VI.

Au VIIe siècle, 280 monastères s'élevèrent en France sur les ruines du paganisme. Ce nombre ne fut dépassé que trois fois dans l'espace de quinze cents ans, comme l'indique le tableau ci-dessous :

| IVe siècle | monastères fondés | 11 |
|---|---|---|
| V[e] — | — | 40 |
| VIe — | — | 262 |
| VIIe — | — | 280 |
| VIIIe — | — | 107 |
| IXe — | — | 251 |
| X[e] — | — | 157 |
| XIe — | — | 326 |
| XIIe — | — | 702 |
| XIIIe — | — | 287 |
| XIVe — | — | 53 |
| XVe — | — | 36 |
| XVIe — | — | 15 |
| XVIIe — | — | 46 |
| XVIIIe — | — | 4 |
| | | 2577 (2) |

(1) Alius more Arii in sterquilinium omnia sua intestina deposuit, atque indignam vitam dignâ morte finivit. (*Vita S. Filiberti.*)

(2) *Annales historiques de France*, par **Le Bas.**

Le prosélytisme chrétien se continuait avec ardeur au temps de saint Philibert, pour extirper les dernières racines de la religion païenne. Mais ces racines étaient implantées profondément. Non seulement les Germains des frontières de l'Austrasie sacrifiaient à Woden autour d'une chaudière de cervoise, et appendaient dans les oratoires les images de leurs dieux; mais « sur les bords de la Somme et même sur ceux de l'Aisne, le paganisme régnait encore dans les campagnes, séjour favori de la population Franke. Ce n'était pas sans de grands dangers que les évêques des villes du Nord faisaient leurs visites pastorales; et il fallait tout le zèle d'un martyr pour oser prêcher la foi du Christ à Tournai, à Courtrai, à Gand et le long des rives de la Meuse ou de l'Escaut. En l'année 656, un prêtre irlandais perdit la vie dans cette mission périlleuse; et vers la même époque, d'autres personnages que l'Eglise vénère, les Romains Lupus et Amandus (saint Loup et saint Amand), les Franks Odomer et Bertewin (saint Omer et saint Bertin) y gagnèrent leur renom de sainteté (1). »

Saint Eloi, évêque de Noyon, l'ancien ministre de Dagobert, était l'un de ces courageux propagateurs des doctrines évangéliques. Les paroles qu'il adressait aux peuples barbares de la Flandre, témoignent de la persistance du culte païen. « N'adorez point le ciel, disait-il, ni les astres, ni la terre, ni rien autre que Dieu; car, seul il a tout créé et tout ordonné. Sans doute le ciel est haut, la terre grande, la mer immense, les étoiles sont belles; mais il est plus grand et plus beau, Celui qui les a faits. Je vous déclare donc que vous ne devez pratiquer aucune

(1) Aug. Thierry, *VI<sup>e</sup> Lettre sur l'Histoire de France.*

des sacrilèges coutumes des païens... Que nul n'observe quel jour il quitte sa maison et quel jour il y rentre ; car Dieu a fait tous les jours. Il ne faut pas craindre non plus de commencer un travail à la nouvelle lune ; car Dieu a fait la lune afin qu'elle servît à marquer les temps, à tempérer les ténèbres, et non pour qu'elle suspendît les travaux et qu'elle troublât les esprits. Que nul ne se croie soumis à un destin, à un sort, à un horoscope, comme on a coutume de dire « que chacun sera ce que sa naissance l'a fait » ; car Dieu veut que tous les hommes se sauvent et arrivent à la connaissance de la vérité. Mais, chaque jour de dimanche, rendez-vous à l'église ; et là ne vous occupez ni d'affaires, ni de querelles, ni de récits frivoles, mais écoutez en silence les divines leçons. Il ne vous suffit pas, mes bien-aimés, d'avoir reçu le nom de chrétien, si vous ne faites des œuvres chrétiennes. Celui-ci porte utilement le nom de chrétien, qui garde les préceptes du Christ, qui ne dérobe point, qui ne fait pas de faux témoignages, qui ne ment point, qui ne commet point d'adultères, qui ne hait aucun homme, qui ne rend point le mal pour le mal. Celui-là est vrai chrétien, qui ne croit point aux phylactères (1) ni aux autres superstitions du diable, mais qui met dans le Christ seul son espérance ; qui reçoit les voyageurs avec joie comme le Christ lui-même, parce qu'il est dit : « J'ai été voyageur et vous m'avez reçu » ; celui-là, dis-je, est chrétien, qui lave les pieds de ses hôtes et les aime comme des parents très chers, qui donne l'aumône aux pauvres selon ce qu'il possède, qui ne touche pas à ses fruits sans en avoir offert quelque chose au Seigneur, qui ne connaît

(1) Talismans païens.

ni les balances trompeuses ni les fausses mesures, qui
vit chastement, et qui apprend à ses voisins à vivre dans
la chasteté et dans la crainte de Dieu ; qui enfin, retenant
de mémoire le symbole et l'oraison dominicale, s'applique
à les enseigner à ses enfants et à ceux de sa maison. » (1)

(1) Ozanam, *la Civilisation chrétienne chez les Francs*. —
Cette citation, composée de divers fragments, résume heureusement les instructions de saint Eloi, mais ce n'est qu'un résumé.
Le passage qui concerne l'idolâtrie n'est pas le seul témoignage
de ce genre. En voici d'autres qui seront lus avec intérêt ; ils
sont extraits des instructions mêmes de saint Eloi, conservées
par saint Ouen et traduites par l'abbé Parenty (*Vie de saint
Eloi*, Arras, 1851) :

« N'observez pas non plus les augures et les éternuements.
(Chez les Grecs les éternuements à midi étaient heureux, ceux
du matin malheureux ; heureux ceux de droite, malheureux
ceux de gauche.) Lorsque vous êtes en chemin, ne prêtez pas
attention au chant de certains oiseaux.... Que personne, aux
calendes de janvier, ne se livre à des divertissements infâmes
et ridicules, tels que ceux des génisses, des jeunes cerfs et autres
jeux. (Au 1ᵉʳ janvier, les païens se couvraient de peaux de bêtes,
usage d'où dérive peut-être le mot carnaval.) Qu'aucun chrétien
n'ajoute foi aux femmes qui exercent la magie par le moyen
du chant, qu'il ne siège point au milieu d'elles, car ce sont là
les œuvres du démon. Que nul à la fête de saint Jean ou à toute
autre solennité des saints, ne s'exerce à observer les solstices ;
ne se livre aux danses, aux caroles (danses en rond) et aux
chants diaboliques. Qu'aucun ne songe à invoquer les noms des
démons, tels que Neptune, Pluton, Diane, Minerve, le Génie,
ou à croire à d'autres inepties de ce genre. Qu'on ne s'abstienne
point de travailler le jeudi ou jour de Jupiter, à moins que ce
ne soit la fête de quelque saint ; ni pendant le mois de mai, ni

Des paroles si simples, si nouvelles pour ces hommes farouches, finissaient par les toucher, par les entraîner. Des conversions nombreuses couronnaient les efforts de la prédication. Mais ce n'était pas assez des évêques, des conciles, des missionnaires irlandais et des envoyés de Rome pour assurer partout le triomphe de la foi. Plusieurs prélats, d'ailleurs, qui s'étaient emparés de l'épiscopat,

en aucun autre temps, ni aux jours des chenilles ou des rats, ou tout autre jour que ce puisse être, si ce n'est le dimanche. Que nul chrétien ne prétende faire des vœux dans les temples, ou bien auprès des pierres (druidiques), des fontaines, des arbres et dans les bois sacrés; qu'il n'allume point de feux dans les carrefours. Qu'on se garde bien d'attacher des billets au cou d'un homme ou d'un animal quelconque, quoiqu'on prétende que c'est une chose sainte et qu'on y insère des leçons divines. Que personne ne se permette de pratiquer des lustrations, d'enchanter les herbes, de faire passer les troupeaux par le creux d'un arbre ou au travers d'un trou pratiqué dans la terre (pour les préserver de maladie). Que nulle femme ne suspende de l'ambre à son cou, qu'elle ne l'emploie ni dans sa toile ni dans la teinture, en invoquant Minerve.... Que personne ne pousse des cris quand la lune s'obscurcit.... Faites en sorte qu'on ne trouve plus dans les croisières des chemins des figures de pieds; brûlez-les quand vous en trouverez (images grossières des dieux qui présidaient aux chemins et auxquelles on attribuait la vertu de guérir les maux de jambes et de pieds). »

On ne doit pas s'étonner de la persistance des coutumes de l'idolâtrie jusqu'au VII<sup>e</sup> siècle, quand on pense que plusieurs, pratiquées, il est vrai, sans conscience de leur origine païenne, sont encore en usage de nos jours. (Voir les *Traditions populaires* de M. D. Monnier et le Compte-rendu de cet ouvrage par M. Ch. Jarrin; *Courrier de l'Ain* du 22 mars 1855.)

3

séduits par les honneurs et les richesses du clergé, s'occupaient des biens et des plaisirs temporels plus que de la conquête des âmes. Il fallait compléter la régénération de ces peuples barbares, en leur donnant l'exemple de la vie commune, du sacrifice de la volonté, de la mortification des sens et de l'amour du prochain. C'était l'œuvre des couvents. La multiplication des couvents était donc un bienfait social et religieux.

Saint Philibert voulut concourir ainsi au développement de la civilisation chrétienne et rêva l'établissement d'une abbaye nouvelle. Pour se préparer à l'accomplissement de son projet par une connaissance approfondie de la vie cénobitique, il quitta Rebais et entreprit un long pélerinage. Il parcourut l'Austrasie, la Bourgogne et l'Italie; s'arrêtant à tous les moutiers, méditant sous leur cloître, s'agenouillant dans leur sanctuaire, et s'associant à leurs manières diverses de vivre et de prier. Comme une abeille prévoyante rapporte à la ruche le suc des fleurs les plus odorantes, de même il recueillit en son cœur ce que l'organisation de chaque communauté offrait de mieux à imiter. Puis, au retour, il étudia de nouveau les législateurs monastiques, saint Basile, saint Macaire, saint Benoît et saint Colomban.

Alors la vie de couvent était purement contemplative. L'oisiveté parfois se glissait entre la prière et la méditation. Saint Benoît, ajoutant aux exercices pieux, comme une obligation rigoureuse et quotidienne, le travail des mains et celui de l'intelligence (1), avait compris le mal

(1 Nous verrons plus loin que saint Colomban prescrivait aussi le travail et l'étude. Mais il y avait une différence essentielle entre les règles des deux saints. Celle de Colomban,

et trouvé le remède; si bien que, par la suite, lorsque sa règle fut négligée, les mœurs des moines justifièrent les récits satiriques des conteurs et des historiens. Mais cette règle, qui rendit d'ailleurs d'éminents services à l'agriculture et aux lettres, cette règle excellente qui devint si générale que Charlemagne demandait s'il existait dans son empire des communautés religieuses soumises à une autre discipline, était encore peu connue, peu pratiquée en Europe au milieu du VIIe siècle. C'était celle de Colomban qui dirigeait les abbayes les plus renommées.

Saint Philibert avait donc visité de préférence les maisons de Luxeuil et de Bobbio, fondées par le moine irlandais. C'est là qu'il avait voulu voir en pratique cette législation rigide qui prescrivait l'obéissance jusqu'à la mort, la pauvreté jusqu'à l'oubli des choses terrestres, la pureté jusqu'à ce point que le péché de la chair n'était pas plus prévu dans la règle, que le parricide dans la loi de Solon (1). C'est là qu'il avait voulu considérer tour à tour comment les hommes du nord et les hommes du midi se pliaient à cette vie de perfection ascétique, ainsi tracée par le fondateur : « Que le moine vive dans le monastère sous la loi d'un seul et dans la compagnie de plusieurs, pour apprendre de l'un l'humilité, des autres la patience. Qu'il ne fasse point ce qu'il veut. Il doit manger ce qu'on lui commande, ne posséder qu'autant qu'il reçoit, obéir à qui lui déplaît. Il n'ira chercher son

quoique sévère dans l'expression, était, faute de précision, plus ou moins souple dans la pratique, tandis que celle de saint Benoît traçait minutieusement l'emploi de toutes les heures du jour.

(1) Ozanam, *la Civilisation chrétienne chez les Francs.*

lit qu'épuisé de fatigue; il faut qu'il s'endorme en s'y rendant, qu'il en sorte avant d'avoir achevé son sommeil. S'il a souffert une injure, qu'il se taise; qu'il craigne son supérieur comme Dieu, et qu'il l'aime comme un père. Il ne jugera pas la décision des plus anciens : son devoir est d'obéir et d'accomplir les commandements, selon cette parole de Moïse : « Ecoute, Israël, et tais-toi. » Comme il faut toujours avancer, il faut toujours prier, toujours travailler, étudier toujours. »

## VII.

Lorsque saint Philibert fut devenu par l'étude et les voyages l'une des lumières de l'Eglise, Dieu voulant, suivant l'expression latine, que cette lumière de sainteté fût posée sur un candélabre d'où elle pût rayonner au loin, lui permit d'edifier un monastère.

Clovis II et la reine Bathilde lui concédèrent sur la Seine, à dix milles au dessous de Rouen, une presqu'île que les anciens nommaient *Gemmeticum*. C'est là qu'il s'établit avec ses disciples vers l'an 654. Son premier biographe nous a laissé de la presqu'île de Jumiège et de l'aspect primitif de l'abbaye la description la plus gracieuse:

« Jumiège, dit-il, répond tout-à-fait à son étymologie. C'est un lieu qui réjouit les yeux diversement, à la manière des pierres précieuses (*more gemmarum*). Là, nous voyons les feuillages des forêts; ici, les fleurs des jardins et les fruits des vergers; plus loin, les moissons des champs, les herbes des prairies; et sur les collines, les grappes vineuses des pampres verts. Le gazon qui croît merveilleusement, arrosé par des ruisseaux limpides, sert de nourriture aux troupeaux et de retraite au gibier. Des volées d'oiseaux gazouillent dans la verdure. La Seine, enfin, qui fait un circuit de quinze milles (à peine s'en faut-il de huit stades qu'elle ne forme l'île complète), reçoit les navires des contrées lointaines dans ses eaux sans cesse agitées par le flux et le reflux de la mer, et le commerce répand sur ses rivages l'abondance et la vie.

« A la place d'une ancienne forteresse, s'élève maintenant la maison du Seigneur, asile de ces âmes qui aspirent à la béatitude céleste et qui gémissent ici-bas pour ne pas gémir dans les flammes éternelles. Là doit être honoré d'un pieux souvenir le saint patriarche qui fonda cet ermitage avec soixante-dix-sept frères, et qui vit, comme Jacob, grandir et prospérer sa famille spirituelle. C'est à lui que l'on doit cette enceinte carrée de murailles flanquées de tours et ces magnifiques cloîtres où l'on reçoit les visiteurs. Au milieu de l'enceinte, l'abbaye éclate de blancheur. L'église, en forme de croix, regarde l'orient. L'autel de la Vierge Marie, peint de couleurs brillantes et incrusté d'or et d'argent, occupe le chevet avec le corps du bienheureux Philibert et les autels de saint Jean et saint Colomban. La nef du nord contient les chapelles de saint Denys martyr, de saint Germain confesseur, de saint Pierre et de saint Martin. La nef du midi, particulièrement consacrée à Dieu lui-même, est ornée à l'extérieur d'un portique sculpté, près duquel scintillent des eaux jaillissantes. Le *dormitorium* des cénobites mesure 290 pieds de longueur sur 50 de largeur. Le soleil matinal rayonne sur chaque lit; et à toute heure du jour, la lecture est possible, grâce à la lumière qui pénètre par les vitraux des fenêtres. Deux salles destinées à des usages différents règnent au-dessous: d'un côté, celle où l'on conserve les

3*

vins ; de l'autre, celle où se prépare la réfection frugale et où s'assemblent ces dignes serviteurs de Dieu, ces humbles amis du pauvre qui, ne possédant rien en particulier, ne manquent pas toutefois du nécessaire ; car ils comptent sur la Providence et justifient ces paroles de l'Ecriture : *Pax multa diligentibus nomen tuum, Domine, et non est illis scandalum* (1).

« Leur confiance est pleine de sagesse, puisque la bonté de Dieu ne leur fait pas défaut. Maintenant, par exemple, ce qu'on n'avait pas vu depuis un siècle, des poissons de mer, longs de cinquante pieds, visitent les parages du monastère ; on parvient à les prendre avec des harpons, des filets et des radeaux, et les religieux trouvent dans la dépouille de ces monstres marins la nourriture qui soutient les forces et l'huile qui chasse les ténèbres : ressource précieuse qu'ils doivent aux mérites de saint Philibert et aux sépultures de tant de vénérables confesseurs qui, martyrs volontaires, n'ont cessé de combattre avec eux mêmes et attendent le jour du Seigneur pour recevoir le prix de la victoire. »

L'auteur de cette description écrivait en latin vers la fin du VII<sup>e</sup> siècle ou au commencement du VIII<sup>e</sup>. Reprenons l'ordre des temps.

Saint Philibert fut heureux dans la construction et l'organisation de l'abbaye de Jumiège. Sans doute il rencontra, dans les travaux matériels, des obstacles à vaincre et, dans la conduite des âmes, des natures rétives à dompter. Mais toute difficulté s'évanouissait comme par

_____

(1) Psaume 118, v. 165. Ceux qui aiment votre nom, Seigneur, jouissent d'une grande paix, et il n'y a point pour eux de scandale.

enchantement devant les paroles et la volonté du saint abbé; ses paroles avaient l'autorité de la vertu et sa volonté quelque chose de la puissance du ciel. Le ciel, en effet, le protégeait visiblement : les faits qui suivent sont là pour le démontrer.

1. — L'aumône et l'hospitalité avaient, un jour, épuisé les provisions; les religieux, manquant de pain, ne savaient comment pourvoir à leur subsistance, et leur abbé les exhortait à la patience. A l'instant même où il leur disait que la Providence n'abandonne pas le juste, un Franc parut, Dieu soit loué, avec sept pains et six sacs de farine. Dès lors ils eurent confiance, donnèrent avec joie au pauvre et au voyageur, et le blé ne leur manqua plus.

2. — Un moine devait être envoyé auprès d'Ebroïn, maire du palais, pour la défense des intérêts du monastère; une fièvre brûlante le retenait sur sa couche. « Allez, lui dit son révérend père, obéissez au nom du Christ et recouvrez la santé. » Aussitôt le moine se leva et exécuta l'ordre. Ainsi l'homme de Dieu obtint justice d'Ebroïn et guérit son disciple.

3. — Une autre fois, il se rendit lui-même à Paris pour terminer un différend. Il eut encore gain de cause ; par contre, il perdit ses gants qu'un voleur lui déroba. Ne les trouvant pas le lendemain, il prit patience, comme il avait coutume. Mais le coupable, poussé par Dieu à l'aveu de son crime et ne pouvant parler, tant la pensée d'être brûlé lui causait d'effroi, se frappa la poitrine de ses mains comme pour dire *meâ culpâ*. Ce malheureux fut puni de mort, et quelque temps après son supplice, les gants furent rapportés au monastère.

**4.** — Une nuit que saint Philibert était en oraison dans la chapelle de saint Pierre, un moine qui veillait aussi, suivant l'exemple de son abbé, vit briller d'un éclat merveilleux ses yeux mouillés de pleurs. Car il avait le don des larmes : il en versait d'amour lorsqu'il priait, et de reconnaissance lorsqu'il allait prendre quelque nourriture.

**5.** — Un religieux touchait à sa dernière heure et déjà il avait perdu l'usage de la voix. Saint Philibert s'approcha de lui et, après une exhortation paternelle, lui recommanda de lui presser la main s'il avait quelque faute sur la conscience. Le malade ayant pressé la main du saint, celui-ci se rendit à la chapelle de la Vierge Marie et, se prosternant, pria le Seigneur de délier la langue du religieux, afin que son âme, pour une faute, ne fût pas précipitée dans l'abîme éternel. La prière du saint fut exaucée : le mourant reprit la parole et il put, sa confession faite et le pardon reçu, rendre sans crainte son âme à Dieu.

**6.** — Un jour que l'on moissonnait et que les gerbes étaient éparses sur le sol, voici venir un vent furieux qui amoncèle des nuages livides. Saint Philibert, pour que ses frères ne perdent pas le fruit de leur labeur, invoque le Seigneur, en élevant ses mains vers le ciel. Aussitôt la tempête s'apaise, les nuages divisés disparaissent à l'horizon, les plaines de l'air se rassérènent et les moines chantent *Alleluia.*

**7.** — Au retour d'un voyage, saint Philibert se hâtait de rentrer au monastère pour célébrer le service divin, car c'était un dimanche. Arrivé sur le bord de la Seine, il prend une barque avec les frères qui l'accompagnaient et comme eux il laisse sa monture dans le pâturage voisin. Le forestier royal (1) trouvant le cheval de l'abbé à sa convenance, l'emmène à la tombée de la nuit et se couche à son arrivée. A peine a-t-il fermé les yeux qu'il se réveille en sursaut et voit sa maison dévorée par les flammes. Sa femme rit d'abord d'une frayeur que rien ne semble justifier; mais bientôt elle voit elle-même l'incendie, et ne doute pas que cette vision-sinistre (car ce n'était qu'une vision) ne soit le présage de la punition prochaine de quelque crime. Alors elle s'enquiert auprès du forestier, s'il n'a pas forfait au commandement de Dieu :

> Le bien d'autrui tu ne prendras
> Ni retiendras à ton escient.

Puis, le vol avoué, ils s'empressent tous deux de faire amende honorable et de reconduire au monastère le cheval de l'abbé.

8. — Un moine, chargé de soigner les malades, fut pris lui-même de souffrances corporelles. « Ayez la foi, lui dit saint Philibert, et sain de corps comme d'esprit, vous pourrez servir les infirmes. » Aussitôt le moine guéri reprit ses fonctions charitables auprès de ses frères.

9. — Dans le cours d'un voyage, l'abbé de Jumiège, étant au port de Roman sur le bord de l'Isar et ne trouvant pas de bateau pour la traversée, eut recours à la prière.

---

(1) *Regius forestarius*. C'était le garde-pêche ou le fermier du droit de pêche; car le mot forêt s'appliquait aux rivières comme aux bois : cette ancienne expression *la forest des pesches de la Seine* ne laisse aucun doute.

A l'instant même survint une barque qui semblait envoyée par la Providence. Le saint et ses disciples montèrent dedans et parvinrent au rivage opposé, en rendant grâce à Dieu.

10. — Une femme pieuse du village de Pinverne, qui eut le bonheur de recevoir chez elle saint Philibert, le pria d'entrer dans son cellier pour bénir sa tonne de vin, et lui offrit ensuite la collation du soir et le repos de la nuit. L'abbé accepta. Les gens et les hôtes de la maison burent largement à la santé du saint. Le lendemain matin, après son départ, cette femme, visitant son cellier, trouva, non sans admiration, que sa tonne était aussi pleine que si elle n'eût pas fourni aux libations de la veille.

11. — Le cellérier de l'abbaye, atteint d'une couperose maligne, était menacé d'une mort cruelle. Dès que saint Philibert eut répandu sur lui ses bénédictions, le moribond sentit le mal décroître et, sans le secours de l'art de guérir, il recouvra bientôt la santé.

12. — Un jour, plusieurs barques traversaient la Seine, et les vagues soulevées par l'orage rendaient la navigation dangereuse. Saint Philibert s'étant mis en prières, la barque sur laquelle il était aborda heureusement, tandis que les autres ne purent atteindre le rivage.

## VIII.

L'abbaye de Jumiège, avec la protection royale et la renommée de son fondateur, fut bientôt florissante. Les Francs d'alentour virent avec vénération l'harmonie et le recueillement intérieurs de la communauté. Ceux des campagnes plus éloignées furent visités par saint Philibert, qui se rendit au milieu d'eux avec ses disciples et leur prêcha éloquemment la parole de Dieu. Tout le pays sentit donc l'influence civilisatrice et religieuse qui partait du monastère. Les mœurs barbares se modifièrent, s'adoucirent. La lumière d'en haut pénétra dans les âmes, et l'espérance de la vie future délia les attaches terrestres.

Jumiège se peupla de néophytes, et les nobles eux-mêmes firent à l'établissement naissant le sacrifice de leur personne et de leurs biens.

Les offrandes multipliées permirent au saint abbé d'être honorable dans les dépenses du monastère et généreux dans les aumônes. Ainsi, pour favoriser le commerce, il prit l'habitude, comme saint Benoît, de payer plus cher que les laïques ce qui était nécessaire aux religieux. Et prélevant pour de bonnes œuvres la dîme des présents qui affluaient de toutes parts, il la consacra tout entière à la nourriture des pauvres, à la rançon des captifs et à la délivrance des esclaves. Ses moines portèrent la liberté jusque chez les peuples d'outre-mer, et les malheureux dont ils brisaient les fers bénirent la puissance du Christ. Ce fut par quelques-uns de ces zélés missionnaires que saint Saens fut attiré à Jumiège, heureux d'abandonner l'Irlande, son pays, pour apprendre de saint Philibert le chemin de la patrie céleste.

« L'exemple du saint abbé, dit le chanoine Juénin, porta aussi quelques personnes de piété à bâtir d'autres monastères. Un seigneur de la province, nommé Amalbert, ayant le dessein d'en bâtir un pour des filles dans sa terre de Pavilly, à dix milles de Rouen et autant de Jumiège, il en donna le soin et en confia la direction à notre saint, qui y établit sainte Austreberte pour première abbesse. Enfin des prêtres, c'est-à-dire des abbés d'autres monastères, venaient se ranger sous sa conduite ou y envoyaient de leurs religieux, qui, retournant ensuite dans leurs cloîtres, y établirent la même observance et la même forme de vie qu'ils avaient apprise à Jumiège.

« A trois lieues de ce monastère, subsistait déjà auparavant celui de Fontenelle, que saint Wandrille avait fondé dès l'an 648 et qu'il gouverna jusqu'à l'an 667, auquel il mourut. Le même saint avait bâti à une demi-lieue de là, près de la Seine, une église en l'honneur de saint Amand de Rodez, dont il avait quelques reliques. Saint Ouen, saint Wandrille et saint Filibert s'y rendaient assez souvent, pour s'entretenir ensemble des choses spirituelles et divines; et près de 200 ans après, on montrait encore, dans une cellule voisine, les lits et les sièges dont ces trois serviteurs de Dieu avaient coutume de se servir pendant le temps de ces pieuses entrevues.

« Après la mort de saint Wandrille, le roi Childéric ayant accordé une partie de la terre de Jumiège à saint Lambert, son successeur, cette donation fit naître un différend entre saint Filibert et lui, au sujet du partage. Mais saint Ouen, leur ami commun, le termina, tant de sa propre autorité, comme évêque diocésain, qu'en vertu de celle du roi, qui lui avait écrit. Il divisa lui-même le fonds et assigna à chacun sa portion; après quoi il n'eut pas de peine à réconcilier parfaitement les deux saints abbés. »

## IX.

Parmi les religieux de Jumiège, il y en eut deux, illustres par leur naissance, qui furent accueillis dans des circonstances étranges.

Un jour de l'an 656, on avertit saint Philibert qu'une barque abandonnée sur la Seine, comme autrefois le panier de jonc de Moïse sur les eaux du Nil, avait déposé sur le rivage deux jeunes princes. L'abbé se rendit au port, et reconnaissant les fils de son royal bienfaiteur, s'empressa de leur donner l'hospitalité.

Clovis II, qui mourut à vingt-deux ans, au mois de novembre 656, laissa trois fils qui régnèrent : Clotaire III, Childéric II et Thierry III. Avant ces trois fils, il en avait eu deux autres à l'âge de quatorze et quinze ans (1). En 656 ces deux princes avaient sept et huit ans. Compromis dans une sédition contre le roi ou plutôt contre la reine Bathilde, car le roi était tombé en démence, ils furent condamnés à mourir. « Alors, dit un chroniqueur, la reine Bathilde, inspirée de Dieu qui ne pouvoit laisser un tel excès impuni, aimant mieux que ses enfants fussent chastiés en leur corps que d'estre réservés aux supplices éternels, par une sévérité pitoyable et pour satisfaire aucunement à la justice divine, les déclara inhabiles de succéder à la couronne. Et d'autant que la

(1) Tous ces Mérovingiens étaient hommes à douze ou treize ans, et caducs à vingt. La plupart étaient emportés par des dyssenteries, suite de leur intempérance. — *Hist. de France* d'Henri Martin.

4

force et puissance corporelle qui leur avoit servi pour s'élever contre leur père consiste aux nerfs, ordonna qu'ils seroient coupés aux bras, et ainsi rendus impotents, les fit mettre dans une petite nacelle ou bateau, avec vivres, sur la rivière de Seine, sans gouvernail ou aviron, assistés seulement d'un serviteur pour leur administrer leurs nécessités, remettant le tout à la providence et miséricorde de Dieu, sous la conduite duquel ce ce bateau dévala tant sur la rivière de Seine qu'il parvint en Normandie, et s'arresta au rivage d'un monastère appelé des anciens Jumiège. »

Ronsard, dans sa *Franciade*, rapporte le même fait, à peu près de la même manière :

L'autre qui suit, d'honneur environné,
Qui a le front de palmes couronné,
Qui jà les Turcs menace de la guerre,
Sera Clovis ; lequel ira conquerre
Hierusalem et les sceptres voisins
D'Egypte jointe aux peuples sarrazins ;
Puis retourné victorieux en France,
De ses enfants punira l'arrogance
Qui par flateurs, par jeunes gens deceus,
Vers celle ingrats qui les avoit conceus,
De tout honneur degraderont leur mere
Et donneront la bataille à leur pere.
Leur mere adonc, ah ! mere sans merci,
Fera bouillir leurs jambes, et ainsi
Tout mehaignez, les doit jetter en Seine ;
Sans guide iront où le fleuve les meine,
A l'abandon des vagues et des vens.
Grave supplice ! afin que les enfans

Par tel exemple apprennent à ne faire
Chose qui puisse à leurs parens desplaire.

Les historiens considèrent comme une fable la révolte et la punition des fils aînés de Clovis II et ne croient pas même à l'existence de ces deux princes. Cependant l'abbaye de Jumiège conserva longtemps leur tombeau. Sur ce monument on voyait, suivant dom Langlois, *les deux figures et effigies elevez en sculptures fort antiqües, vestues de longs habits diaprez et parsemez de fleurs de lys*, et on lisait l'épitaphe suivante:

**Hic in honore Dei, requiescit stirps Clodovei,**
**Patris bellica gens, bella salutis agens.**
**Ad votum matris Bathildis, pœnituere**
**Pro proprio scelere proque labore patris.**
**D c x c v i**

Une inscription moderne, placée dans le cloître, rappelait ainsi le souvenir de cet évènement:

« Les deux fils aînés de Clovis II et de sainte Bathilde, s'étant révoltés contre elle, pendant un voyage d'outre-mer de Clovis, vaincus et pris dans le combat qu'il revint sur ses pas pour leur livrer, furent condamnés à avoir les nerfs des bras coupés. Ainsi énervés à Paris, mis et abandonnés sur la Seine dans un bateau sans batelier ni aviron, ils abordèrent au port de Jumiège, accompagnés d'un seul serviteur. Saint Philibert les y alla prendre et les reçut religieux en ce monastère, où ils sont inhumés. »

De nos jours, quelques débris de bas-reliefs, qui représentaient les principaux traits de la légende des Enervés, subsistent encore au milieu des ruines de l'abbaye; car cette abbaye célèbre (1), détruite à la première révolution, n'est plus qu'un sujet d'études pour le crayon de l'artiste, et de regrets pour la voix du poëte.

> Muette en sa douleur, Jumiège gravement
> Etouffe un triste écho sous son portail normand,
> Et laisse chanter sur ses tombes
> Tous ces nids, dans ses tours abrités et couvés,
> D'où le souffle du soir fait sur les noirs pavés
> Neiger des plumes de colombes.
>
> (V. Hugo.)

## X.

Saint Philibert dirigeait depuis vingt ans l'abbaye de Jumiège et l'avait amenée à ce point de prospérité qu'elle comptait 900 religieux et 1500 serviteurs, « lorsque Dieu permit qu'il s'élevât une tempête qui l'écarta de ses disciples. »

Ebroïn, ce Franc de basse origine que les Neustriens avaient fait maire du palais peu après la mort de Clovis II, cette âme violente, ce génie malfaisant que n'arrêtaient nulle crainte et nul scrupule pour abaisser les leudes, qui versait le sang des nobles hommes pour

(1) L'abbaye de Jumiège battait monnaie. Entre autres pièces mérovingiennes qui ont été conservées, il existe un denier d'argent qui porte une rosace pour type, et autour duquel on lit : SCO FILIBERTO GEMEDICO CAL, *Sancto Filiberto Gemetico Caletano.* (A saint Philibert de Jumiège, au pays de Caux.)

des fautes légères, avait, à la mort de Clotaire III, proclamé roi le jeune Thierry III, sans le concours du *mall* national. Outrés de colère, les seigneurs de Neustrie s'allièrent à ceux d'Austrasie pour reconquérir leurs droits. Ebroïn se disposait à la résistance, mais son armée l'abandonna; il fut fait prisonnier, et ses ennemis, après l'avoir tondu et dépouillé de ses richesses, l'enfermèrent au monastère de Luxeuil.

Childéric réunit alors à sa couronne celles de Neustrie et de Burgondie, tandis que son frère Thierry languissait au couvent de St-Denis. La chûte d'Ebroïn réveilla l'ambition des leudes, qui voulurent reprendre leurs anciennes prérogatives. Childéric se vit obligé de les arrêter dans leurs prétentions : il commença par exiler à Luxeuil l'évêque d'Autun, saint Léger, qui les soutenait; puis il fit attacher à un poteau et battre de verges, comme un esclave, *un noble homme de la truste royale.* Le patient et ses amis vengèrent bientôt cruellement cet outrage. Ils surprirent le roi chassant dans la forêt de Chelles et l'égorgèrent, ainsi que la reine et son enfant.

A la faveur des troubles qui suivirent, Ebroïn, qui s'était réconcilié à Luxeuil avec saint Léger, son ancien adversaire, sortit avec lui de ce monastère; mais leur bon accord se rompit, chemin faisant. Saint Léger fit couronner Thierry III dans un mall solennel. Ebroïn, de son côté, proclama roi sous le nom de Clovis un prétendu fils de Clotaire III, marcha sur Paris avec ses partisans, massacra le maire Leudès, confina Thierry dans une métairie; puis, après avoir vaincu à Autun saint Léger, auquel il creva les yeux, il remit Thierry sur le trône, pour ôter tout prétexte de représailles, et reprit lui-même les fonctions souveraines de maire du palais. En politique

4*

non moins habile que barbare, il s'appuya plus que jamais sur le peuple et tua, chassa ou dépouilla de leurs biens, de leurs dignités, tous les Francs de haute race, pour leur substituer des gens de basse extraction.

Ce fut alors (en 674) que saint Philibert eut le courage de se rendre auprès d'Ebroïn (*pestifer Ebroïnus*) et de lui reprocher le mauvais usage qu'il faisait de son autorité. L'adroit ministre essaya d'acheter son silence par de magnifiques présents. Mais le saint, préférant le supplice et la palme du martyre, lui répondit avec mépris : « Va, tu n'es qu'un apostat, un homme chrétien ne doit pas se commettre avec toi. » *Le loup furieux* dissimula sa rage et résolut de perdre le malencontreux prêcheur.

N'osant pas attaquer en face un abbé d'une aussi grande réputation, il gagna quelques clercs de la ville de Rouen, qui le décrièrent auprès de son évêque, saint Ouen. Ce prélat, l'ami et l'ancien protecteur de saint Philibert, prêta-t-il réellement l'oreille aux rapports malveillants de ses clercs et justifia-t-il ces mots de l'apôtre saint Paul : *Les mauvais entretiens gâtent les bonnes mœurs?* Ou subit-il involontairement l'influence de l'esprit de parti? Car le clergé, dit Henri Martin, était partagé entre deux factions; « si Ebroïn avait contre lui saint Léger d'Autun, saint Genest de Lyon, il avait pour lui saint Ouen de Rouen, saint Prix d'Auvergne, saint Réol de Rheims, saint Egilbert de Paris. » Quoi qu'il en soit, l'évêque de Rouen fit conduire en prison l'ami qui lui avait été si cher (*quem antè dilexerat nimiùm*).

Le saint abbé supporta cette épreuve avec joie et franchit le seuil en chantant les psaumes de David. La voûte obscure sous laquelle il pénétra était tapissée de chauves-souris; à son entrée, elles prirent la fuite, et, par la puissance de Dieu, cette horrible prison devint un séjour de délices. Du reste, la captivité du saint ne fut pas de longue durée. Les informations ne produisirent aucune preuve, et des lettres de l'évêque lui rendirent la liberté.

On désigne encore à Rouen, dit le chanoine Juénin, sous le nom de *la Poterne*, le lieu où fut détenu saint Philibert, et où, depuis, on a érigé une chapelle en son honneur.

## XI.

Soit pour échapper à la domination d'Ebroïn, soit pour fonder un nouveau monastère, celui de Jumiège ne pouvant contenir tous ses disciples, saint Philibert, à sa sortie de prison, se retira dans l'Aquitaine, auprès d'Ansoald, évêque de Poitiers. Ce puissant prélat, plein d'admiration pour la sainteté de son hôte et pour son esprit de prophétie, dont il avait eu lui-même plusieurs témoignages, le reçut comme un ami, comme un conseiller, mit tous ses biens à sa disposition et s'efforça de le retenir à Poitiers. Désespérant bientôt d'obtenir le sacrifice de son goût pour la solitude, il lui fournit tout ce qui était nécessaire pour établir un monastère dans l'île de Her, aux confins du Poitou et de la Bretagne, vers le midi de l'embouchure de la Loire. C'est l'île qui fut nommée depuis Hermoutier, et par corruption Nermoutier, Noirmoutier. Ansoald dota magnifiquement cette nouvelle maison de prières et de pénitence; des religieux de Jumiège y furent appelés et saint Philibert en prit la direction.

Le soin de cette communauté naissante ne pouvait

absorber tout son zèle : il concourut aussi à la fondation du monastère de Quinçay, près Poitiers, auquel il donna saint Achard pour premier abbé; on croit même qu'il eut quelque part à l'organisation de l'abbaye de Notre-Dame de Luçon et de celle de Saint-Michel-en-l'Erm, fondée par Ansoald.

Pendant ce temps-là, saint Ouen voyant que saint Philibert ne revenait pas en Neustrie, voulut lui donner un successeur à Jumiège; mais les moines, comptant toujours sur le retour de leur révérend père, refusaient tout autre chef. Alors un misérable, nommé Chrodobert, dont saint Philibert avait tenu le fils sur les fonts baptismaux et qui s'était fait moine avec promesse d'obéissance, osa s'emparer du gouvernement de l'abbaye. Frappé au pied, le même jour, d'un coup de damnation (*damnationis ictu*), une peste horrible lui arracha les os, tout vivant, et le dévora.

Saint Ouen mit à sa place l'archidiacre *Ragetramnus*; celui-ci n'exerça pas davantage le pouvoir abbatial, car il fut élu en même temps évêque d'Avranches.

## XII.

Sur ces entrefaites, la Gaule fut délivrée du féroce Ebroïn, au moment où il allait conquérir l'Austrasie. Ermenfrid, agent infidèle du fisc, était menacé de mort. Il assemble ses amis un dimanche, attend à sa sortie du palais le maire, qui doit se rendre aux matines dans l'église voisine, se précipite sur lui, d'un coup d'épée lui fend la tête, monte à cheval et s'enfuit en Austrasie. — Un solitaire de l'île Barbe, près de Lyon, privé de la vue par ordre d'Ebroïn, raconta qu'une nuit, comme il était en oraison, il entendit un grand bruit de rames sur la Saône, et qu'ayant demandé où allait le vaisseau qui remontait le courant, une voix terrible lui répondit : *C'est Ebroïn que nous emportons à la chaudière infernale!*

Saint Ouen, qui pressait depuis longtemps saint Philibert de rentrer en Neustrie, qui désirait se réconcilier entièrement avec lui, insista plus vivement après la mort d'Ebroïn. Cédant à ses prières, l'abbé de Jumiège revint en 682 au milieu de ses chers disciples. Son retour fut une fête pour toute la Neustrie. Une foule de moines et d'habitants allèrent en procession à sa rencontre, avec les reliques de saints et en chantant des cantiques. L'évêque et l'abbé s'embrassèrent avec effusion de cœur, se pressèrent les mains en se demandant pardon l'un à l'autre, et renouvelèrent leur ancienne amitié, qui fut dès lors inaltérable.

Saint Philibert avait été absent huit années. Il avait, avant son départ, marqué lui-même le temps de son exil. Un malheureux diacre ayant enlevé furtivement la croix du monastère, enrichie d'argent, et cette croix ayant été retrouvée le neuvième jour, le saint abbé dit alors que son troupeau serait autant d'années sans pasteur qu'il avait été de jours sans croix.

Il semble qu'après une telle réception de la part de ses disciples et de son évêque, saint Philibert, déjà sur le déclin de l'âge, car il avait soixante-six ans, devait se fixer à Jumiège et remettre en mains sûres la direction des communautés lointaines. Il y séjourna quelque temps en effet, eut le bonheur d'y recevoir la visite d'Ansoald, et organisa le monastère de Montivilliers, que le maire du palais, Varaton, fit bâtir pour des filles, près de la mer, entre le Hâvre et Harfleur. « Mais, dans la suite, il aima mieux retourner en Poitou et aller goûter les douceurs de la contemplation céleste dans la solitude de Nermoutier, dont la situation était plus propre à le mettre à couvert de l'importunité des hommes. Il assembla donc ses anciens disciples ; il les exhorta à observer exactement la discipline monastique, et, après les avoir recommandés à Dieu et leur avoir donné sa bénédiction, il les quitta avec un secret pressentiment qu'il ne les reverroit plus. »

Arrivé à Quinçay, il pria saint Achard, qui dirigeait ce monastère, d'aller tenir sa place à Jumiège, « où l'on était inconsolable de sa perte ; » et, de concert avec l'évêque Ansoald, il confia le gouvernement de la communauté de Quinçay à un religieux de grande vertu nommé Probe.

De Quinçay il passa dans l'île de Noirmoutier, qu'il ne quitta plus. Sa sainteté attira les bénédictions du ciel sur cette abbaye comme sur celle de Jumiège. Grâce à l'efficacité de ses prières, plusieurs malades furent spontanément guéris, et plus d'une fois les provisions épuisées se renouvelèrent comme par enchantement. Mais hélas ! ses nouveaux disciples le perdirent bientôt. Dieu reprit son âme le 20 août 684, *flentibus populis, gaudentibus angelis.* Il était âgé de soixante-huit ans et avait survécu un peu moins d'une année à son ami saint Ouen, mort le 24 août 683.

## XIII.

Le corps de saint Philibert fut inhumé dans l'église de l'abbaye de Noirmoutier. Trois lampes brûlèrent nuit et jour sur son tombeau.

L'on ne sait guère ce qui se passa pendant près d'un siècle et demi à Noirmoutier. Le moine Ermentaire, qui écrivit en 836 et 863 les miracles et les premières translations du saint, ne cite que trois faits surnaturels antérieurs à 836.

1. Un jour, le gardien de l'église de l'abbaye trouva, en y entrant, les trois lampes éteintes. Il prit un cierge aussitôt et courut à une autre église chercher du feu. A moitié chemin, le cierge prit feu de lui-même. Le pauvre homme, effrayé de ce prodige, revint en toute hâte sur ses pas et ralluma les lampes sépulcrales, se promettant bien de veiller à ce que saint Philibert ne manquât plus désormais du luminaire qui lui était dû.

2. Une bande de Bretons aborda au port de Conque avec l'intention de ravager l'île. En mettant pied à terre, ces aventuriers se prirent de dispute, et la rixe fut si violente qu'ils s'égorgèrent tous les uns les autres, à l'exception d'un seul qui annonça aux insulaires le danger qu'ils avaient couru et la manière miraculeuse dont ils avaient été préservés.

3. Une autre fois, les Sarrasins, qui venaient de piller une île voisine, s'approchaient de Noirmoutier pour continuer leur brigandage. Leur navire n'était qu'à six milles de la côte, lorsqu'ils aperçurent, s'agitant sur la plage, une multitude d'oiseaux qu'ils prirent de loin pour des hommes en armes. Cette terrible vision leur fit prudemment gagner le large, et l'île de Noirmoutier ne fut pas attaquée.

Il est à croire cependant que l'attaque ne fut que différée, que les Sarrasins reparurent bientôt, et que l'abbaye fut dévastée en 732, car on la cite au nombre de celles rétablies par Louis-le-Débonnaire.

Il est certain qu'en 814 elle était très-florissante et qu'en 817 l'abbé Arnou, qui la dirigeait, fut un des principaux abbés qui s'assemblèrent près d'Aix-la-Chapelle, pour rédiger avec saint Benoît d'Aniane les statuts d'une réforme générale de la vie monastique.

Vers ce temps-là, les peuples barbares du Danemarck et de la Norwège, commencèrent à inquiéter les îles et les côtes de la Gaule. L'abbaye de Noirmoutier fut plusieurs fois pillée. L'abbé Arnou dut songer à établir sur le continent un asile pour ses religieux ; il obtint une charte de Louis-le-Débonnaire en 819 et bâtit le prieuré de Dée ou Grandlieu, près du lac de Grandlieu, à 12 ou 13 milles de Nantes. Les moines se maintinrent encore à Noirmoutier, et Pepin, roi d'Aquitaine, leur permit de construire un château pour leur défense. Mais les incursions des barbares devinrent de plus en plus redoutables.

En 834 toute la commnnauté abandonna l'île pendant la belle saison et dès-lors n'y séjourna que l'hiver, alors que la mer était mauvaise et que l'invasion n'était guère possible.

En 836, il fallut transférer au prieuré de Dée le corps de saint Philibert. L'abbé Hilbod obtint tous les pouvoirs nécessaires du roi Pepin et d'une assemblée des évêques, abbés et autres grands du royaume. Voici comment se fit la translation :

« Le 7 juin de l'an 836, on tira de terre, en chantant, et en cérémonie, le corps du saint avec son cercueil ; et on le mit dans un navire qui, à l'aide d'un vent favorable, arriva bientôt en terre ferme, à un port où l'on voulait aller et qui ne nous est pas bien connu. Delà des prêtres, des diacres et des religieux portèrent sur leurs épaules le saint corps dans son cercueil, jusques dans l'église d'un village (*Ampennum*) qui dépendoit de l'abbaïe de Nermoûtier. Après y avoir séjourné trois jours, on se remit en marche le 11, avec pompe, et en chantant. On en fit de même le 12; et le 13 on arriva à Dée. Dès qu'on y fut arrivé, on posa le précieux trésor au milieu de l'église, qui étoit bâtie en forme de croix, et l'on célébra la messe. Quelque temps après on le plaça au côté droit de l'église, et l'on suspendit au côté gauche le brancard sur lequel on l'avoit apporté (1). »

A la mort de Pepin, roi d'Aquitaine, son père Louis-le-Débonnaire donna ce royaume à Charles-le-Chauve, à l'exclusion des deux fils de Pepin, et mourut lui-même le 20 juin 840. Les guerres civiles qui s'élevèrent entre ses enfants rendirent les Normands plus hardis; ces conquérants portèrent partout la désolation et la terreur. En 843 ils entrèrent dans la Loire avec une flotte nombreuse; ils prirent Nantes, massacrèrent l'évêque, le clergé, la plus grande partie des habitants, et firent prisonniers ceux qui avaient échappé au carnage. Les moines de saint Philibert durent fuir devant l'invasion. Charles-le-Chauve leur accorda successivement divers lieux de refuge, à savoir: en 845, le petit monastère de Cunaud près de Saumur; et en 854, quelques villages avec des églises dans le Poitou, entr'autres celui de Messay sur la Dyve, à une lieue de Moncontour; en 870, la terre du Goudet dans le Velay; et en 871, l'abbaye de Saint-Pourçain en Auvergne.

Le monastère de Noirmoutier fut brûlé au mois de

(1) *Nouvelle histoire... de Tournus,* par le chanoine Juénin.

juillet 846 et le prieuré de Dée le 29 ou 30 mars 847. Les moines conservèrent néanmoins quelque espoir de retourner dans leur île, et quelques-uns restèrent cachés dans les ruines soit de Noirmoutier, soit de Dée. Mais l'invasion barbare faisant toujours plus de progrès, ils ne voulurent pas être privés plus long-temps de leur patron, et l'ayant retiré secrètement des ruines de Dée, ils le transportèrent à Cunaud en 857 ou 859.

De là le corps du saint fut transféré solennellement à Messay. « Le premier jour de mai de l'an 862, les moines partirent de Cunaud en cérémonie et en chantant, accompagnés d'une grande foule de peuple, et vinrent passer la nuit à Forges, village près de Doué, qui leur appartenoit. Le lendemain ils vinrent à Thaisé, autre village en deçà de la rivière de Thoué ; et le troisième jour, qui étoit un dimanche, ils vinrent chanter la grand'messe à Messay (1). »

Encore inquiétés dans le Poitou par les Normands, ils se rendirent en 871 à l'abbaye de Saint-Pourçain qui venait de leur être concédée, emportant avec eux les précieuses reliques.

Là, les courses des conquérants n'étaient plus à craindre ; et l'établissement de la communauté semblait être durable. Mais l'abbé Geilon, passant à Tournus vit la petite abbaye de Saint-Valérien « et trouva la situation du lieu fort agréable et très-commode. De vastes forêts s'étendoient aux environs ; les eaux de la Saône, rivière très-poissonneuse, baignoient les murs du monastère ; de belles prairies bordoient les deux côtés de la rivière ; plusieurs ruisseaux faisoient moudre des moulins ; la plaine parois-

_______________

(1) *Nouvelle histoire... de Tournus*, par le chanoine Juénin.

soit très-propre au labourage... Une situation si avantageuse plut à Geilon. Sur le champ il forma le dessein d'y fixer sa principale communauté (1). »

Il s'assura que ce monastère n'était soumis ni à la puissance d'un seigneur particulier, ni à la juridiction d'un évêque, et « fit trouver bon » aux moines de Saint-Valérien qu'il vînt s'établir avec eux pour ne former tous ensemble qu'une seule famille. Puis il se rendit auprès de Charles-le-Chauve et obtint de lui une charte datée du 19 mars 875 qui lui donnait plein pouvoir de fonder à Tournus la principale maison des moines de saint Philibert.

Aussitôt qu'il eut obtenu cette charte qui contenait d'importants priviléges et qui était scellée d'un scel d'or présentant *d'un costé la médaille du roi en relief jusques à la ceinture, et de l'autre le nom d'icelui en lettres romaines carrées*, l'abbé Geibon prit ses mesures pour le départ d'Auvergne, et le 14 mai 875, moins de deux mois après l'acte de concession, il fit son entrée à Tournus avec ses religieux et le corps de saint Philibert.

## XIV.

Les diverses translations de Noirmoutier à Tournus, sauf celle de Dée à Cunaud qui fut secrète, se firent avec solennité. Un grand concours de peuple escorta le convoi ou se trouva sur son passage, et de nombreux miracles se produisirent. Ermentaire en a recueilli plus de cent qui se rapportent aux premières translations; le moine Falcon, qui écrivit les dernières dans sa Chronique de

(1) *Nouvelle histoire... de Tournus,* par le chanoine Juénin.

Tournus (*Chronicon Trenorciense*), dit que Dieu fit éclater la gloire de saint Philibert par la guérison de plusieurs malades, et que le bruit de ces miracles attirait une telle affluence sur les lieux de station du cortège, que l'on y apportait autant de provisions que sur un marché public.

Dans le cours de ces pieuses pérégrinations, que d'aveugles recouvrèrent la vue, de muets la parole, de boiteux et de paralytiques l'usage de leurs membres ! Que d'infirmes et de fiévreux cessèrent de souffrir ! Combien de démoniaques furent délivrés des esprits impurs qui les obsédaient ! Ermentaire raconte plus de quatre-vingts exemples de la vertu bienfaisante des précieuses reliques. Les autres miracles eurent lieu pour la punition de méchants et d'incrédules.

Voici la traduction des faits qui présentent le plus d'intérêt :

1. Le jour du départ de Noirmoutier et de l'arrivée au village d'*Ampennum*, un serviteur de saint Philibert, nommé Dominique, que la fièvre quarte avait affaibli à tel point qu'il pouvait à peine marcher appuyé sur un bâton (car il souffrait depuis un an et demi), s'approcha plein de foi du cercueil du saint et se mit en prière. Après être resté prosterné quelque temps, il se releva en disant qu'il allait être guéri. Aussitôt, en effet, qu'il eut touché le brancard sur lequel était posé le cercueil, il sentit la vie ranimer tout son être et il s'en retourna sans le secours de son bâton.

2. Le lendemain une foule innombrable accourait à *Ampennium*. Parmi les visiteurs, il y eut un certain Baldrad, du bourg de *Gaurancium*, âgé de quarante ans, qui, depuis vingt ans, affligé d'une ophthalmie très-

douloureuse, avait perdu la vue. Il s'approcha du sépulcre avec confiance et se prosterna : « Je sais, dit-il, Dieu très-bon, que c'est pour mes fautes que je suis privé de la lumière de mes yeux ; mais je crois, Seigneur, que vous pouvez me la rendre par les mérites de ce saint. » Lorsqu'il eut prononcé ces paroles à haute voix, et comme il les répétait, il commença de voir le bâton qu'il avait coutume de porter et s'écria : « Je vous rends grâces, Seigneur, de ce que j'aperçois le bâton qui me soutient et qui me précède quand je marche. » Bientôt un jet de sang corrompu s'échappa de ses yeux et il recouvra complètement la vue.

3. Le convoi s'arrêta plusieurs fois entre *Ampennum* et *Varinna*, et des miracles marquèrent chaque halte. A la dernière, un homme de campagne vint avec un petit garçon de sept ans, nommé Pierre, qui était sourd et muet. Le malheureux père tenait son fils par la main, car il craignait de le perdre dans la foule, sachant que ses cris pour rappeler Pierre seraient inutiles, que Pierre ne pouvait ni l'entendre ni lui répondre. L'enfant fut conduit vers le cercueil, et dès qu'il eut touché le poêle, il parla distinctement, comme s'il eût déjà fait usage de la parole.

4. En arrivant au monastère de Dée, le convoi fut reçu par une affluence considérable de fidèles. Le peuple se précipita dans l'église où le saint corps était déposé. Parmi ceux qui essayèrent de pénétrer dans le sanctuaire, il y eut un certain homme qui, la nuit précédente, avait volé un ruban qu'il tenait caché dans sa poitrine. Cet homme offrit bientôt à ceux qui l'entouraient un spectacle étrange. Parvenu au seuil de l'église, il fut frappé d'im-

mobilité et comme cloué debout sur le sol. Alors ne pouvant parler et voyant que tous les regards étaient tournés sur lui avec étonnement, il prit le parti de montrer par gestes qu'il cachait quelque chose dans sa poitrine. Dès que l'objet volé en fut extrait, il recouvra l'usage de la parole et put entrer dans le lieu saint, où il jura qu'il ne commettrait plus de larcin.

5. Pendant le séjour à Dée, un jeune homme de vingt ans, nommé Aldebran, qui boitait beaucoup, se fit porter sur un char et amener auprès des saintes reliques. Arrivé à l'église du monastère, il passa deux ou trois jours en prières pour implorer la miséricorde divine et fut délivré de son infirmité. Mais de retour à la maison, elle reparut plus grave qu'auparavant, car il fut perclus des deux pieds. Alors nouveau pélerinage, puis nouvelle guérison ; mais hélas ! nouvelle rechute au retour. Enfin une troisième fois il se fait amener devant le cercueil et sa prière est encore exaucée. Cette fois il n'ose s'éloigner quoique guéri, et reste au service du saint confesseur, se dévouant corps et âme à l'excellent patron par les mérites duquel il se croit guéri. Cependant, quelques jours après, avec la permission de l'abbé du monastère, il retourne chez ses parents, et conserve désormais l'usage de ses membres.

6. Une certaine femme de Saint-Martin était gravement malade. Des fidèles lui présentèrent du bois de l'échelle ou brancard qui soutenait le cercueil, dans la pensée qu'elle l'aurait en grande vénération et qu'elle lui devrait sa guérison. Cette femme prit le bois et le jeta au feu, par dédain ou par indifférence. Mais cette action ne resta pas impunie. Le fragment de bois ne fut pas plutôt dans

le feu, que l'œil droit de cette malheureuse, se détachant de l'orbite, tomba dans les flammes : ce que l'on ne voulait pas croire sur le rapport des gens qui venaient de Saint-Martin, jusqu'à ce que le seigneur du lieu, connu par son zèle pour la vérité, eût confirmé le fait.

7. Le bois de la même échelle fut l'occasion d'un autre miracle non moins éclatant. Dans un village, non loin du monastère de Dée, un incendie se déclara par l'imprudence de l'un des habitants, et les flammes, s'étendant çà et là rapidement, atteignirent un petit bâtiment où se trouvait du bois de l'échelle. Dès qu'elles approchèrent de la colonne où il était appendu, elles se replièrent sur elles-mêmes et l'incendie s'arrêta. Dans la suite ce prodige eut un grand retentissement, et tous ceux qui possédaient des fragments du bois de l'échelle les apportèrent au monastère en demandant ce qu'ils en devaient faire, car ils n'osaient laisser sans vénération d'aussi puissantes reliques. Il leur fut répondu qu'ils devaient les déposer dans les sanctuaires où l'office du Seigneur se célébrait nuit et jour; ce qu'ils firent avec empressement.

8. Peu de temps après, une femme aveugle vint à Dée implorer l'intercession du saint confesseur. C'était une servante du bienheureux Hilaire; elle avait déjà fait plusieurs pèlerinages en divers lieux et quatre fois elle avait recouvré la vue. Cette fois elle obtient la même grâce; mais hélas ! comme précédemment elle redevient aveugle à son retour. Cependant elle n'est pas découragée; elle accomplit un nouveau pèlerinage au tombeau de saint Philibert, et elle obtient encore sa guérison. Alors on lui conseille de confesser pieusement ses fautes, afin que les ténèbres de son âme n'obscurcissent plus la

lumière de ses yeux. Mais cette misérable, méprisant ce conseil salutaire, vomit toutes les invectives que la colère lui avait apprises, disant que saint Philibert se moquait d'elle et se jouait à ses dépens. Ce blasphême était à peine proféré qu'elle fut frappée par la main du Seigneur : elle perdit la parole et, après trois jours de souffrances, elle mourut aux portes du monastère.

9. Une autre femme, sortant un jour de sa maison, laissa seul au dedans son fils tout jeune enfant, et de peur qu'il ne pleurât pendant son absence (on pleure souvent à cet âge), elle lui mit entre les mains un œuf ou une pomme. Dans cette maison, il y avait un grand vase contenant un muid et plus ; il était plein d'eau. L'enfant laissa tomber dans l'eau ce qu'il tenait à la main. Sans connaître le danger, il se pencha sur le vase pour reprendre l'objet tombé ; mais le pied lui glissant, il tomba lui-même dans l'eau et se noya. Peu de temps après, la mère rentrant au logis appela son enfant, courut de part et d'autre, et finit par trouver le pauvre petit corps inanimé. Son désespoir lui fit perdre la raison. Mais conduite par son mari vers le cercueil de saint Philibert, elle fut bientôt guérie de sa folie, grâce à la miséricorde divine et à l'intervention du vénérable défunt.

10. Le premier jour anniversaire de l'arrivée à Dée, il y eut affluence à l'église du monastère. Au nombre des fidèles se trouvait une femme qui, la nuit précédente, avait dérobé une pièce d'étoffe. Les offices terminés, elle rejoint ses compagnes et se met en chemin. Arrivée à un pont, à peu de distance du monastère, elle tombe tout à coup en arrière, à côté de ses compagnes stupéfaites. Elle se relève cependant, puis elle veut se remettre en

marche; mais elle tombe une seconde fois. Interrogée sur ce qui peut lui attirer le courroux céleste, elle avoue son vol. Alors des hommes de bonne volonté la reconduisent au monastère, où un prêtre reçoit sa confession sincère. Ensuite elle retourne en paix dans sa maison.

11. Aux portes du monastère il y avait une taverne, à l'usage des étrangers. Un jour qu'ils se pressaient en grand nombre auprès des saintes reliques, l'un d'eux entra dans la taverne pour acheter du vin. En ce temps-là, le setier de vin se vendait un denier. L'acheteur ne voulait qu'un demi-setier, mais il avait un denier entier et non un demi-denier. Il fut alors convenu que le vendeur recevrait le denier entier et rendrait à l'acheteur un demi-denier en lui livrant un demi-setier de vin. Or, le vendeur, comprenant mal ses intérêts, livra tout un setier de vin en rendant un demi-denier. L'acheteur, qui vit l'erreur, se garda bien de la signaler; il alla prendre son repas et but le vin avec ses compagnons. Cependant, celui qui souffrait le dommage, la réflexion lui venant, comprit qu'il avait donné plus de vin qu'il n'en devait. Sur ces entrefaites, l'autre homme revint avec son demi-denier, demandant qu'il lui fût encore donné du vin pour la valeur de cette monnaie. « Tu plaisantes, mon ami, lui répond celui qui s'était trompé dans son premier marché, car tu n'apportes pas ton demi-denier, mais le mien, puisque tu as pris mon setier de vin entier et le demi-denier, que je te rendais comme si je ne t'eusse livré que moitié du setier. » Le buveur jura qu'il n'avait rien pris qui ne fût à lui et ne fut pas retenu par un faux serment. « Par saint Philibert, s'écria-t-il, si tu dis vrai, je veux rendre à l'instant même tout le vin que j'ai bu. »

Aussitôt, et plus vite qu'on ne saurait l'exprimer, il vomit honteusement le vin qu'il n'avait payé qu'à demi. Alors, convaincu de mauvaise foi, il rendit le demi-denier et se retira couvert de confusion.

12. Un laboureur, qui habitait un village à quinze milles du monastère, avait perdu son bœuf. Après l'avoir vainement cherché de toutes parts, il fait une chandelle et, la portant au cercueil de saint Philibert, il l'allume et supplie le saint de lui rendre son bœuf. Il reste long-temps en prière et même, pour être plus assuré du succès de sa démarche, il dépose sur le cercueil un coin d'argent du poids de vingt deniers. Il sort ensuite de l'église et, devant la porte extérieure du monastère, il trouve le bœuf qu'il cherchait, portant encore à ses cornes la corde au moyen de laquelle il avait été volé. Alors, rendant grâce à Dieu et à saint Philibert, il reprend l'animal et regagne son village.

13. Un pauvre homme du pays nommé *Namneticus*, désirant visiter les reliques de saint Philibert, se mit en chemin et arriva jusqu'au bord d'une rivière. Là, il trouva une barque et demanda au pontonier de le passer. Le pontonier, parce que ce pélerin n'avait pas une obole à lui donner, lui refusa le passage, et, la corde déliée, il commença la traversée. La barque était déjà au milieu de la rivière, lorsque tout-à-coup le pontonier stupéfait perdit son gouvernail, et la barque, malgré tous les efforts des rames, s'arrêta immobile, comme si elle eût été posée sur la terre et non sur l'eau. Alors les passagers, faisant retour sur eux-mêmes, attribuèrent ce prodige au mépris que l'on avait fait du pauvre pélerin. A l'ins-tant, la barque courant d'elle-même, retourna du côté

du rivage d'où elle était partie; ce que voyant ceux qui la montaient, ils voulurent que l'on donnât place au voyageur délaissé. Alors la barque, voguant légèrement, atteignit le bord. Le pontonier prit le pauvre homme, qui était gravement malade, le conduisit lui-même jusqu'à l'église, publia ce qui lui était arrivé; puis, le pélerinage accompli, le ramena sain et sauf, lui fit encore traverser la rivière et le déposa sur le rivage.

14. Un homme du peuple, qui souffrait depuis long-temps, se fit placer sur un char et amener vers le cercueil du saint. Il resta plusieurs jours à prier; et comme il couchait à la porte de l'église, une nuit qu'il était endormi, saint Philibert lui apparut, conduisant deux bœufs à cornes d'or, et lui dit: « Accepte, pauvre homme, ces bœufs, attèle-les à ton char et retourne en paix à ta maison. » Après cette vision il s'éveilla et se trouva guéri comme il l'avait désiré; ce dont il rendit grâce à Dieu.

15. Un autre homme fut convié à un festin d'amis. Comme les amis étaient nombreux et qu'il y avait une grande variété de mets, le poisson n'y manqua pas. On en pêche dans l'océan une multitude d'espèces. Ce fut un loup de mer que l'on servit. Notre convive le trouva délicieux, malgré son nom terrible, et en mangea glou-tonnement. Dans sa précipitation il laissa s'engager dans son gosier une des arrêtes du dos. Cet accident lui parut honteux pour un homme de son âge, et il n'osa s'en plain-dre. Cependant, la douleur augmentant, il quitta la table, rentra chez lui et confia seulement à sa femme la cause de son mal. Quatre ou cinq jours se passent; son gosier enfle. Le septième, il ne peut plus prendre de nourriture. Le huitième, il monte à cheval en toute hâte

et se rend auprès du cercueil de saint Philibert. Il arrive le soir à une heure avancée, se gîte pour la nuit à la porte du monastère et s'endort. Lorsque retentit le signal de l'office nocturne il s'éveille, et, sans avoir fait aucun effort, il sent venir sur sa langue l'arrête malencontreuse. Il la prend, la retire et la montre avec joie aux assistants étonnés, en leur racontant comment elle s'est introduite dans son gosier et combien de jours il l'a gardée. Cette arrête était très aigue et longue d'un doigt. La bonté divine, en cette circonstance, tint compte, sans doute, du sincère repentir de ce pécheur et de l'intercession de saint Philibert.

## XV.

Avant l'arrivée des moines de Noirmoutier, l'église de Tournus possédait le corps du martyr saint Valérien. Ces religieux enrichirent le sanctuaire de l'abbaye. Outre le corps de saint Philibert, ils apportèrent les restes sacrés de saint Candide, de saint Clin, de saint Vital, de saint Basile et divers objets dignes de la plus grande vénération : du bois de la vraie Croix, une des cruches dont l'eau fut changée en vin, un des liens qui servirent à la Passion, et des vêtements du Sauveur et de la sainte Vierge.

Quelques années après, les moines de Saint-Florent, qui étaient en bonnes relations avec ceux de Noirmoutier, contraints d'abandonner aussi leur monastère dévasté, se réfugièrent à l'abbaye de Tournus avec le corps de leur saint patron.

Nous n'avons à nous occuper que de saint Philibert. Néanmoins je dirai comment le corps de saint Florent fut repris à l'abbaye de Tournus, pour donner une idée de l'intérêt que l'on attachait à la possession des reliques.

Lorsque la paix fut faite avec les Normands, qui se fixèrent en France et embrassèrent le christianisme, les moines de Saint-Florent voulurent se séparer de ceux de Tournus et retourner à leur monastère pour le reconstruire. Les religieux de Tournus les laissèrent partir, mais sans leur rendre le corps de leur patron. Les pauvres fugitifs, privés de cette précieuse relique, ne purent obtenir les secours nécessaires à leur rétablissement; ils se dispersèrent et finirent leur vie assez misérablement.

« Un seul d'entre eux, nommé Absalon, qui avoit eu auparavant la permission de se retirer au Mans chez ses parents, dit le chanoine Juénin, ayant appris le malheur et la mort de tous ses confrères, résolut d'enlever de Tournus par adresse le corps de saint Florent. En effet, il se mit en chemin, et quand il fut près de Tournus, il feignit d'être boiteux et estropié. S'étant présenté à l'abbaye, on lui accorda d'abord l'hospitalité, comme à un moine inconnu et étranger; ensuite on le reçut au nombre des religieux de la maison. Il y gagna bientôt, par son esprit et par son adresse, la bienveillance et l'estime de ses nouveaux confrères. On lui confia d'abord l'instruction des enfants ou des novices; après quoi on le fit chantre et enfin sacristain.

« C'est ce dernier emploi qu'il avoit souhaité avec le plus de passion, parce qu'il lui donnoit le soin et la garde des reliques. Il ne manqua pas de profiter des moyens qu'il lui procuroit d'exécuter son entreprise. Ayant pris toutes ses mesures, une nuit il ouvre la châsse de saint Florent, en enlève les reliques qu'il met dans un sac; et se sauve déguisé, sur un cheval qu'il abandonna après l'avoir mis hors d'état de courir. Dès le lendemain les moines de Tournus s'aperçurent du vol; ils ne manquèrent pas de faire courir après lui, mais ce fut inutilement: on ne put l'attraper ou du moins le reconnaître, parce qu'il avoit pris un habit laïque et ne paroissoit plus ni boiteux ni estropié (1). »

Il parvint heureusement dans la Touraine, et après un long séjour dans une caverne, il eut le bonheur de fonder dans un lieu, qui dès-lors fut appelé Saumur, l'abbaye de Saint-Florent-lès-Saumur. Dans cette œuvre, il fut puissamment secondé par Thibaud, comte de Blois, qui s'assura préalablement de l'authenticité des reliques, en envoyant un exprès qui apprit à Tournus qu'effectivement elles avaient été enlevées par un certain moine boiteux et estropié.

Revenons à saint Philibert.

Vers le milieu du $X^e$ siècle, Gilbert, comte de Châlon, ayant voulu, contre le droit des moines, leur imposer un abbé de son choix, ils prirent le parti de se retirer en Auvergne avec le corps de leur saint patron. Après deux jours de marche ils arrivèrent à Saint-Pourçain, où ils furent reçus avec beaucoup d'honneur et de joie, et où ils passèrent trois années en paix. Pendant ce temps-là, une famine et d'autres maux, que l'on attribuait à l'éloignement des saintes reliques, désolait la Bourgogne. Un concile d'évêques et d'abbés se réunit à Tournus, et décida que l'abbé intrus serait renvoyé et que l'on rappellerait les moines réfugiés à Saint-Pourçain. Ce qui fut fait. Ils rentrèrent dans leur monastère en grande pompe. Trois

_________

(1) *Nouvelle histoire.... de Tournus,* par le chanoine Juénin, p. 134.

processions allèrent les attendre à un quart de lieue de Tournus ; l'une était conduite par l'évêque d'Autun, la seconde par l'archevêque de Besançon, et la troisième par les évêques de Châlon et Mâcon.

Au XIe siècle, Girard, comte de Vienne et de Mâcon, porta préjudice à l'abbaye de Tournus en établissant un port non loin de celui de Louhans qui appartenait aux moines. Les moines réclamèrent. Le comte se moqua de leurs prières. Long-temps après il vint à Tournus avec une suite nombreuse et entra dans l'église de l'abbaye. « Après s'y être promené comme en triomphe, dit le chanoine Juénin, il arriva par hasard qu'il s'arrêta seul devant l'autel de saint Filibert et qu'il y fit sa prière. Pendant qu'il y étoit, un moine tenant en main une crosse, descend de derrière l'autel et s'arrêtant devant le comte, lui dit : *Comment avez-vous été si hardi que d'entrer dans mon monastère et dans mon église, vous qui ne craignez pas de m'enlever mes droits.* Après ces paroles, il prend le comte par les cheveux, le renverse par terre et le bat très-rudement. Ce châtiment ayant obligé le comte à se faire justice, il promit avec serment d'abandonner son nouveau port. Il laissa libre celui de Loüan ; et non content de cela, il envoya à l'église de Tournus, par dévotion pour saint Filibert, un riche tapis de soie tissu d'or, et lui fit plusieurs autres présents (1). »

Ce fait est rapporté comme un miracle. Je le cite plutôt comme indice des mœurs monacales du temps. C'est au même titre que je donne l'extrait suivant :

« Au mois d'avril de l'an 1253, l'abbé Renaud, dit

(1) *Nouvelle histoire... de Tournus,* par le chanoine Juénin, p. 134.

malicieusement le chanoine Juénin, fit une chose qui a dû lui faire trouver place dans *la douzaine des bons abbés de Tournus*. Il augmenta la pitance des moines et unit pour cet effet sa maison de Grevilli et ses dépendances à l'office de célerier ; prétendant qu'avec ce secours, le célerier qui auparavant ne fournissoit à chaque moine qu'une portion de fromage et trois œufs ou du poisson à l'équivalent, seroit en état à l'avenir de leur fournir un potage, un quarteron de fromage et cinq œufs ou du poisson à l'équivalent pour le dîné ; et trois œufs ou l'équivalent pour le soir : et encore de donner de la chair en suffisance aux moines qui obtiendroient permission d'en manger dans l'infirmerie. L'abbé Renaud se laissa aller à cette indulgence, tant à cause que la pitance accoutumée ne suffisoit pas pour l'entière nourriture des moines qu'à l'instante prière de Pierre, abbé de l'Isle-Barbe, qui introduisit dans son abbaye l'usage de manger de la chair le dimanche, le mardi et le jeudi : usage qui ne tarda pas long-temps à s'introduire aussi dans notre abbaye (1). »

En 1352 l'abbé de Cros, pour fonder la chapelle de saint Philibert dans l'église de l'abbaye, acheta six livres parisis de cens sur Tournus, de noble dame Sybille, veuve d'Arnou de Cercy.

Le 19 mai 1493 « qui étoit le dimanche après l'Ascension, la châsse de saint Filibert fut ouverte à la prière de Jacques d'Amboise, abbé de Cluny et de Jumiège. On en tira une côte et une partie des machoires que l'on remit à Antoine de la Roche, grand prieur de Cluny, qui

_______

(1) *Nouvelle histoire.... de Tournus,* par le chanoine Juénin, p. 161.

se chargea de les porter et déposer au monastère de Jumiège, dont ce saint avait été abbé et fondateur. Cette ouverture se fit fort solemnellement devant le grand autel, en présence de beaucoup de peuple qui y était accouru. Il s'y trouva aussi beaucoup de noblesse, entre autres Marc de Toulonjon, Jean de Durestal, Pierre de Bugnes, etc. On renferma dans la châsse un acte de cette donation, qui y est encore (1). »

En 1501 « Jean de Chalon, prince d'Orange, et Philiberte de Luxembourg, sa seconde femme, qui n'avoient point d'enfants mâles, crurent pouvoir en obtenir un de Dieu par l'intercession de saint Filibert. Ils vinrent tous deux en dévotion à l'église de l'abbaye et promirent à Dieu, que s'il lui plaisoit leur accorder un fils, ils lui donneroient le nom de Filibert. En effet, Dieu leur en ayant accordé un, dans l'année même de leur vœu, il fut nommé *Philibert*, et fut ce fameux Philibert, prince d'Orange, vice-roi de Naples pour l'empereur Charles-Quint et son lieutenant-général en Italie, qui fut tué devant Florence en 1530, âgé seulement de 28 ans...

« En 1527 Charles III, duc de Savoie, sachant que Jean de Chalon avoit tenu pour certain qu'il avoit eu son fils par l'intercession de saint Filibert, résolut, de concert avec Béatrix de Portugal son épouse, d'envoyer à Tournus un gentilhomme de considération, qui fit une neuvaine dans l'église du saint abbé, y offrit des présents considérables et un gros cierge avec l'écusson des armes du duc et de la duchesse. Cela fait, et avant la fin de l'année, la duchesse accoucha d'un fils qu'ils nommèrent *Emanuel*

(1) *Nouvelle histoire.....de Tournus*, par le chanoine Juénin, p. 239.

6*

*Philibert*, ajoutant ce nom d'*Emanuel* à celui de *Philibert*, en mémoire d'Emanuel, roi de Portugal, père de la duchesse. Ce prince, qui naquit le 8 de juillet 1528, succéda à son père en 1553 (1). »

En 1562 les huguenots saccagèrent l'abbaye de Tournus. Ils découvrirent malheureusement les châsses de saint Valérien et de saint Vital, enterrées avec d'autres reliques dans la cave du grand prieuré ; mais la châsse de saint Philibert et son buste d'argent échappèrent à leur fureur, ainsi que deux autres reliquaires.

Au mois de mai 1630, on tira de la châsse de saint Philibert une côte et une vertèbre dont il fut fait hommage à la reine Anne d'Autriche et à Marie de Médicis, mère de Louis XIII, quand elles passèrent à Tournus.

Huit jours après, on prit une autre vertèbre que l'on enferma dans le buste d'argent.

Le 15 mars 1661 M. de Maupeou, évêque de Châlon, visitant l'abbaye, fit ouvrir la châsse ; il s'y trouva cent cinq ossements, non compris la tête et sept dents, et il changea les suaires qui les enveloppaient.

Enfin le dernier jour du mois d'août 1686, M. Félix, aussi évêque de Châlon, sur la demande du cardinal de Bouillon, en tira une des grandes côtes et un des grands os du bras que Son Eminence envoya, savoir : la côte à sa sœur Emilie de la Tour d'Auvergne, religieuse carmélite au grand couvent du faubourg Saint-Jacques, à Paris, et l'os du bras à M^me sa sœur Maurice Fébronie de la Tour d'Auvergne, duchesse de Bavière.

Les reliques de saint Philibert ont été conservées

_______________

(1) *Nouvelle histoire.... de Tournus,* par le chanoine Juénin, p. 245.

depuis lors dans le même état. Les révolutionnaires de 1793, après les avoir enlevées de la châsse, les ont remises à une brave femme d'ouvrier qui les leur demandait et qui plus tard les a restituées à l'église. M. Chaumont, curé actuel de Tournus, dont le zèle pieux ne saurait être trop loué, les a fait déposer en 1841 dans une châsse dorée, de style gothique.


## XVI.


Le nom de Philibert est encore aujourd'hui très-répandu dans notre pays. Les générations se le transmettent volontiers. Sa popularité s'explique par le voisinage de Tournus (1), par la dévotion des princes de Savoie aux reliques du fondateur de Jumiège et par l'empressement de nos pères à choisir le même patron que nos anciens souverains.

L'image de saint Philibert est à l'église de Brou. On la voit peinte dans les vitraux du chœur et de la chapelle de la princesse à côté de Philibert-le-Beau (2), et sculptée en plein relief au-dessus de la porte de la façade principale. Là, dans le compartiment de gauche, Philibert est agenouillé, le front ceint de sa couronne; et, derrière lui, son patron debout, en robe de moine, semble le présenter à un *Ecce Homo* qui occupe le milieu du tympan.

La fête de saint Philibert doit se célébrer le 20 août,


(1) L'abbaye de Tournus possédait des biens en Bresse, notamment à Jayat, Chevroux et Bâgé.

(2) Le manteau épiscopal de saint Philibert est un chef-d'œuvre admiré des connaisseurs. (J. BAUX, *Recherches histor. et arch. sur l'église de Brou.*)

jour de sa mort. M. de Lalande l'indique au 18 août dans ses *Etrennes historiques* de 1755 et au 21 dans celles de 1756. Les calendriers de *l'Annuaire de l'Ain* la placent tour à tour au 18 et au 19 août. Le *Dieu soit béni bressan* inscrit toujours le nom de Philibert à la date du 19 août. Il faut espérer que cet almanach populaire adoptera désormais celle du 20 août, comme le martyrologe romain qui fait loi en pareille matière.

La poésie a payé son tribut à saint Philibert. M. l'abbé Cabanet, curé de Salavre, l'infatigable collecteur de cantiques, en a découvert un, composé au siècle dernier par le R. P. de la Tour pour la fête patronale de Donzère en Dauphiné, dont l'église est placée sous l'invocation de saint Philibert. Le voici :


## CANTIQUE

EN L'HONNEUR DE SAINT PHILIBERT, ABBÉ,
PATRON DE DONZÈRE, EN DAUPHINÉ.

—

1.

La fête solennelle
Au temple nous appelle ;
Allons célébrer de concert
Le jour de saint Philibert.

Rendons à sa mémoire
Honneur, hommage et gloire ;
Offrons, offrons-lui notre encens
Et le tribut de nos chants. — La fête...

Que de son nom propice
Au loin tout retentisse,
Et que les éclats de nos voix
Le répètent mille fois! — La fête...


2.


La Sagesse éternelle
En fit notre modèle :
En lui contemplons les vertus
Dont elle orna les élus.

Il crut à peine en âge,
Qu'il prit Dieu pour partage
Et lui consacra sans retour
Ses biens, son cœur, son amour.—La Sagesse...

Le monde en vain l'attire;
Jeune il craint son empire
Et va, désertant ses attraits,
Fuir loin de lui pour jamais. — La Sagesse...


3.


Dieu, dans sa solitude,
Devint sa seule étude,
Le seul objet de ses soupirs,
De ses vœux, de ses désirs.

Là, dans l'humble prière,
L'Esprit divin l'éclaire
Et pare ses jours précieux
Des plus riches dons des Cieux. — Dieu...

Angélique innocence !
Austère pénitence !
Amour généreux des mépris,
Son âme est tout votre prix. — Dieu...


4.


Pour le Dieu qu'il adore,
Le zèle le dévore ;
Du feu de ses vives ardeurs,
Il veut remplir tous les cœurs.

Déjà vers son asile
Court un peuple docile
Qui vient et se rendre à sa voix
Et se ranger sous ses lois. — Pour le Dieu...

Sous un aussi grand maître
Combien verra-t-on naître
De fruits de foi, de piété,
De grâce et de sainteté ! — Pour le Dieu...


5.


La voix de ses oracles,
Le bruit de ses miracles
Peuplèrent de cloîtres divers
Les villes et les déserts.

Il meurt, et sa mémoire,
Loin de perdre sa gloire,
Se couvre d'un lustre plus beau
Au sein même du tombeau. — La voix...

Tous les climats l'honorent,
Tous les peuples l'implorent ;
Heureux plus que tous nos aïeux
Dont il exauça les vœux. — La voix...


6.


D'un bourg qui vous révère,
Grand saint, soyez le père,
L'appui, le patron, le pasteur,
La ressource, le sauveur.

Veillez sur nos rivages,
Nos ondes et nos plages,
Nos champs, nos coteaux, nos moissons,
Nos jours, nos murs, nos maisons. — D'un...

Rendez nos biens fertiles
Et nos travaux utiles,
Et faites sur nous à jamais
Tomber les divins bienfaits. — D'un bourg...


7.


Surtout que vos auspices
Sauvent nos mœurs des vices
Et nous fixent de plus en plus
Dans la route des vertus.

Qu'en nous soit l'innocence,
La foi, la tempérance,
La paix, l'union, la douceur,
La charité, la ferveur. — Surtout...

Qu'à l'aide de la grâce,
Marchant sur votre trace,
Un jour nous puissions être tous
Placés au ciel avec vous. — Surtout...


Le cantique du P. de la Tour devait clore cet opuscule. Mais je me suis cru obligé de faire appel à ma muse pour chanter mon patron; et voici ce qu'elle a répondu :


## NOUVEAU CANTIQUE

### EN L'HONNEUR DE SAINT PHILIBERT.

—

**1.**

Sous les rois Francs, lorsque l'idolâtrie
Luttait encor contre la loi d'amour,
Jeune seigneur, pour la cour de Neustrie
Tu délaissas les rives de l'Adour.
Mais le néant des choses de la terre
A ta pensée inspirant d'autres vœux,
Tu t'exilas au fond d'un monastère,
Au fer glacé livrant tes longs cheveux.

Toujours le monde possède
Nos cœurs vicieux.
Saint Philibert, intercède
Pour nous, dans les cieux.

## 2.

Le vrai génie en tous lieux se révèle.
La solitude agite un noble sein.
Toi, tu voulus servir la foi nouvelle,
La propager fut ton pieux dessein.
Tu fis bâtir de vastes monastères,
Tu réunis des disciples nombreux ;
Et le renom de tes vertus austères
Fut le flambeau de ces temps ténébreux.

Un vain rêve, hélas ! obsède
　Nos fronts soucieux.
Saint Philibert, intercède
　Pour nous, dans les cieux.

## 3.

Lorsqu'Ebroïn gouvernait la Neustrie
Au nom d'un roi sans force et sans honneur,
Ton cœur s'émut des maux de la patrie,
Ta bouche osa blâmer le gouverneur.
Ce vil tyran, dissimulant sa rage,
N'écouta pas la voix de la raison ;
Et, pauvre abbé, le prix de ton courage
Fut quelques jours une injuste prison.

De toute épreuve procède
　Un bien précieux.
Saint Philibert, intercède
　Pour nous, dans les cieux.

4.

Dieu bénissant tes efforts téméraires
A tes vieux jours donna le calme heureux.
Tu pus mourir au milieu dé tes frères;
Ta mort laissa des regrets douloureux.
Plus d'un miracle a signalé ta gloire;
Puisse un nouveau confondre les railleurs!
Fais, par ton corps, trésor de Saône-et-Loire,
Qu'en te fêtant nous devenions meilleurs.

Toi sans doute à qui Dieu cède
    Ses dons gracieux,
Saint Philibert, intercède
    Pour nous, dans les cieux.

## *Appendice au chapitre IX.*

—

### LÉGENDE DE L'ANE ET DU LOUP,

#### Racontée par une aïeule à son petit-fils.

—

« Puisque tu as été à Jumièges, sais-tu l'histoire de l'*Ane et du Loup ?* — Non. — Eh bien ! je vais te la raconter !

« Un grand saint, nommé Philibert, fonda, il y a bien long-temps, l'abbaye de Jumièges. Beaucoup de saints personnages vinrent y demeurer pour faire pénitence et honorer le Très-Haut. La fondation prospéra si grande-ment, que saint Philibert résolut d'établir un couvent de femmes. Avec la permission de Dieu, il établit donc à Pavilly une corporation religiense, à la tête de laquelle il plaça sainte Austreberthe.

« Cette sainte femme, et les sœurs placées sous sa discipline, par reconnaissance se chargèrent de blanchir le linge de la sacristie des moines de Jumièges. Un pauvre et bon âne, habitué à faire les quatre lieues qui séparent Pavilly de Jumièges, allait seul chercher son fardeau, en reportant le lin bien blanchi par de pieuses mains. Un jour, à la sortie même du couvent de Pavilly, il fit une bien funeste rencontre : un loup, un affreux loup, lui sauta à la gorge et l'étrangla. La bête féroce se dis-posait à profiter de son crime, c'est-à-dire à dévorer le cadavre de la pauvre bête, lorsque tout à coup survint sainte Austreberthe. Aussitôt le meurtrier frissonna ; il voudrait fuir, il ne le peut pas ; une force invincible l'attire aux pieds de la sainte, qui lui dit : « Meurtrier, obéis, et fais l'œuvre de ta victime. » Aussitôt le loup prend le linge dont l'âne était chargé, et il le porte à l'abbaye. Depuis ce jour, et tant que sa vie a duré, le loup, docile comme un chien, a été sans cesse de Pavilly à Jumièges, accomplissant le message dont l'âne était chargé.

« N'est-ce pas une merveilleuse histoire?... (1) »

*(Magasin des demoiselles. — Août 1850.)*

(1) Une pierre qui existe encore à Jumièges retrace ou plutôt rappelle cette singulière légende. Les restes, respectueusement entretenus de l'abbaye de Jumièges, sont encore une des plus belles choses de la Normandie. Heureux les visiteurs qui, comme celle qui écrit ces lignes, auront pour guide à travers ces précieuses ruines leur noble propriétaire, M. Caumont, un des archéologues les plus savants et les aimables que possède la France. M. Caumont a arraché les ruines de Jumièges des mains du vandalisme ; c'est une grande et belle action dont le souvenir durera aussi long-temps que le renom de la vieille abbaye.

*(La réd. en chef.)*

# AIR DU 1er CANTIQUE.

# AIR DU 2e CANTIQUE.

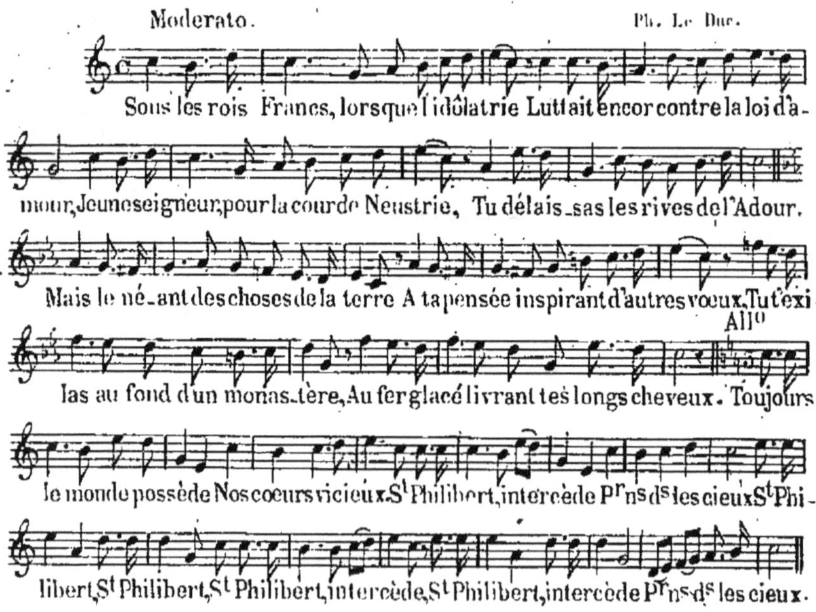